Ralf Schmitt / Mona Schnell
Kill dein Kaninchen!

## Kostenlos mobil weiterlesen! So einfach geht's:

 1. Kostenlose App installieren

 2. Zuletzt gelesene Buchseite scannen

 3. 25 % des Buchs ab gescannter Seite mobil weiterlesen

 4. Bequem zurück zum Buch durch Druck-Seitenzahlen in der App

**Hier geht's zur kostenlosen App:**
**www.papego.de/app**

Erhältlich für Apple iOS und Android.
Papego ist ein Angebot der Briends GmbH, Hamburg. www.papego.de

RALF SCHMITT / MONA SCHNELL

# KILL DEIN KANINCHEN!

Wie du irrationale Ängste kaltstellst

Externe Links wurden bis zum Zeitpunkt der Drucklegung des Buches geprüft.
Auf etwaige Änderungen zu einem späteren Zeitpunkt hat der Verlag keinen Einfluss.
Eine Haftung des Verlags ist daher ausgeschlossen.


Bibliografische Information der Deutschen Nationalbibliothek

Die Deutsche Nationalbibliothek verzeichnet diese Publikation in
der Deutschen Nationalbibliografie; detaillierte bibliografische Daten
sind im Internet über http://dnb.d-nb.de abrufbar.


ISBN 978-3-86936-832-0


Lektorat: Claudia Franz, Augsburg | info@text-it.org
Umschlaggestaltung: total italic (Thierry Wijnberg), Amsterdam / Berlin
Titelillustration: Shutterstock / SAAC
Autorenfoto Ralf Schmitt: Marco Grundt
Autorinnenfoto Mona Schnell: Jan Kohlrusch
Satz und Layout: Das Herstellungsbüro, Hamburg | www.buch-herstellungsbuero.de
Druck und Bindung: Salzland Druck, Staßfurt

© 2018 GABAL Verlag GmbH, Offenbach

Alle Rechte vorbehalten. Vervielfältigung, auch auszugsweise,
nur mit schriftlicher Genehmigung des Verlags.

Printed in Germany

www.gabal-verlag.de
www.facebook.com/Gabalbuecher
www.twitter.com/gabalbuecher

# Inhalt

| | |
|---|---|
| Wenn das Kaninchen tot ist, gibt's ein Happy End! | 9 |
| **Angst: Der Kein-Grund-zur-Panik-Teil** | 13 |
| Jeder hat Angst | 15 |
| Was ist Angst eigentlich? | 16 |
| Angst ist noch so viel mehr | 16 |
| Das Gegenteil von Angst | 23 |
| Angst ist gut! | 25 |
| Vom Urinstinkt zum Wirtschaftszweig | 28 |
| Was hilft gegen Angst? | 34 |
| Die Ängste der Deutschen | 41 |
| German Angst – die geerbte Angst | 43 |
| Das 21. Jahrhundert: Jahre der Angst? | 47 |
| Die Generation Angst: Sind die Alten schuld? | 51 |
| Wann haben wir Menschen Angst? | 56 |
| **Ängste loswerden: Der Kill-dein-Kaninchen-Teil** | 61 |
| Ängste unter der Lupe | 63 |
| Diese Ängste betrachten wir genauer | 64 |
| 1. Angst vor Einsamkeit: Das Kein-Kontakt-Kaninchen | 69 |
| Was ist real an der Angst vor Einsamkeit? | 77 |
| Was ist irreal an der Angst vor Einsamkeit? | 79 |
| Tod dem Kein-Kontakt-Kaninchen! | 83 |
| 2. Angst vor Armut: Das Keine-Kohle-Kaninchen | 86 |
| Was ist real an der Angst vor Armut? | 93 |
| Was ist irreal an der Angst vor Armut? | 96 |
| Tod dem Keine-Kohle-Kaninchen | 101 |

3. Angst vor Unbekanntem: Das Neu-Phobie-Kaninchen 104
Was ist real an der Angst vor Unbekanntem? 110
Was ist irreal an der Angst vor Unbekanntem? 112
Tod dem Neu-Phobie-Kaninchen 115

4. Angst vor Veränderung: Das Traditions-Kaninchen 118
Was ist real an der Angst vor Veränderung? 126
Was ist irreal an der Angst vor Veränderung? 128
Tod dem Traditions-Kaninchen! 131

5. Angst vor Verlust: Das Es-gehört-mir-Kaninchen 134
Was ist real an der Angst vor Verlust? 139
Was ist irreal an der Angst vor Verlust? 140
Tod dem Es-gehört-mir-Kaninchen! 143

6. Angst vor dem Scheitern: Das Schiefgeh-Kaninchen 146
Was ist real an der Angst vor dem Scheitern? 152
Was ist irreal an der Angst vor dem Scheitern? 154
Tod dem Schiefgeh-Kaninchen! 156

7. Angst vor Krankheit und Tod: Das Apotheken-Umschau-
Kaninchen 159
Was ist real an der Angst vor Krankheit und Tod? 165
Was ist irreal an der Angst vor Krankheit und Tod? 167
Tod dem Apotheken-Umschau-Kaninchen 172

Ausblick: Angst vor der Zukunft? 175
Wie sieht die Angst in der Zukunft aus? 177
Der Absch(l)uss: Das Ende unseres Kaninchenstalls 184

Quellen und Literatur 186
Register 189
Die Autoren 191

# Wichtiger Warnhinweis!

»Kill dein Kaninchen!« ist rein metaphorisch zu verstehen.
Die Autoren bitten ausdrücklich darum, davon abzusehen,
sich auf die Jagd nach realen Kaninchen zu begeben.

# Wenn das Kaninchen tot ist, gibt's ein Happy End!

An einem Nachmittag im Sommer 2016 sitzen wir zusammen bei einem Arbeitslunch im Hamburger Stadtteil Eimsbüttel. Es ist eines unserer monatlichen Treffen, bei denen wir uns über den Stand unserer gemeinsamen Projekte informieren, neue Ideen spinnen und von Hölzchen auf Stöckchen kommen. Ein ganz zentrales Thema an diesem verregneten Sommertag ist die Angst. Ob bei der Arbeit oder im Privatleben: Wir beobachten beide, wie um uns herum das Thema Angst immer präsenter wird. Die Grundstimmung bei unseren Freunden und Bekannten scheint immer ängstlicher zu werden, sich manchmal sogar in Panik zu ergießen. Und medial wird diese Angst auch noch geschürt. Kaum ein Tag vergeht, ohne dass Horrormeldungen und Warnungen über TV, Radio, Print, Online und die sozialen Netzwerke verbreitet werden.

Es fängt jedoch bereits viel kleiner an. So mancher quält sich durch eine unglückliche Beziehung, weil er das Alleinsein mehr fürchtet als häufige Streitigkeiten und permanente Unzufriedenheit. Einige trauen sich aus Angst vor Überfällen nur noch mit Pfefferspray in der Tasche aus dem Haus. Andere gehen nicht mehr ins Kino, nicht mehr auf Konzerte und schon gar nicht auf Großveranstaltungen, weil sie überall Terrorgefahr wittern. Bedauerlicherweise entdecken wir auch bei uns selbst Tendenzen – sagen wir mal – der Besorgnis.

**Um uns herum verbreitet sich die Angst!**

Wir, das sind Spontaneitätsexperte Ralf Schmitt und Kommunikationsprofi Mona Schnell. Beide selbstständig, erfolgreich mit dem eigenen Unternehmen, beide glücklich liiert und beide immer wieder in kleinen oder größeren Momenten gefangen, in denen das Panik-Kaninchen uns dominiert. Das heißt: Uns beschleicht zum Beispiel mal mehr, mal weniger häufig das Gefühl, unsere Fixkosten seien zu hoch, unsere Ausgaben nicht mehr überschaubar oder unsere Investition in ein Thema zu groß. Ralf sorgt sich darum, wie seine Kinder aufwachsen und was das Bildungssystem noch leistet. Mona fragt sich manchmal, ob Reisen noch sicher ist und was man aufgrund der ganzen Lebensmittelskandale überhaupt noch essen kann.

Auch in unserer jahrelangen Zusammenarbeit, die naturgemäß mal besser, mal schlechter läuft, spielt die Angst davor, zu viel zu investieren – sei es Geld oder Arbeitsaufwand im Vergleich zu entgegengebrachter Wertschätzung – immer wieder eine Rolle. Zu unseren Stärken als Team zählt aber, dass wir offen über diese Thematiken sprechen können und auch in vermeintlich schlechten Momenten dem anderen nie die Tür vor der Nase zugeschlagen haben. Trotzdem waren und sind auch wir nie wirklich dagegen gefeit, in Panik zu verfallen. Als Team aus Flexibilitätsprofi (Ralf Schmitt) und Öfter-mal-was-Neues-Junkie (Mona Schnell) können und wollen wir das aber nicht so einfach auf uns sitzen lassen. Wir haben uns mit diesem Buch darangemacht, Ängsten entgegenzutreten und konstruktiv mit ihnen umzugehen. Dafür haben wir Tipps und Kniffe entwickelt, die wir entweder selbst ausprobiert und für tauglich befunden oder die andere für uns erfolgreich getestet haben.

**Ängsten mit einem Augenzwinkern begegnen!**

Wir sind beide keine Psychologen, Psychoanalytiker oder Heilpraktiker in diesem Bereich, auch wenn wir hier an mancher Stelle Studien und Meinungen von Fachexperten zu Rate ziehen. Wer eine medizinisch fundierte Betrachtungsweise erwartet, sollte dieses Buch lieber gleich weiterverschenken. Wir heilen keine Traumata und kurieren keine Phobien. Wir führen keine Gesprächstherapie durch und machen keine Familienaufstellung. Dafür gibt es Fachleute, die Sie unbedingt konsultieren sollten, wenn Sie sie brauchen.

Unsere Ergebnisse und Übungen beruhen ausschließlich auf persönlichen Erfahrungen und setzen auf das, was wir als gesunden Menschenverstand betrachten. Mit einem Augenzwinkern und jeder Menge Humor im Umgang mit uns selbst und anderen versuchen wir, Themen anzugehen, die uns und unser Umfeld belasten. Wir identifizieren reale Gründe für Ängste, enttarnen irreale Einflüsse und zeigen persönliche Wege auf, um das Panik-Kaninchen in uns zu killen.

Dieses Buch basiert auf einer grundsätzlich positiven Sicht auf die Menschen. Sie bekommen alle einen Vertrauensvorschuss von uns. Verletzungen, die jeder von uns immer wieder erleidet und die sich auch schwer verhindern lassen, wollen wir als Schätze sehen und als Chancen für mehr Wachstum begreifen. Unser Motto: Wenn eine Muschel verletzt wird, entsteht eine Perle. Oder: Wenn das Kaninchen tot ist, gibt's ein Happy End!

**Aufruf zum Kaninchenmord!**

Wir wünschen viele Perlen und den Mut zum Kaninchenmord!
*Ralf Schmitt & Mona Schnell*

# ANGST:
## Der Kein-Grund-zur-Panik-Teil

# Jeder hat Angst

Wir behaupten: Es gibt einfach niemanden, der nie Angst hat. Spätestens, wenn der Körper nachts das Serotonin abschaltet, weil wir es im Schlaf nicht brauchen, kommen immer wieder auch Alpträume. Oder unsere Sorgen, die wir während des Tages einfach weggedrückt haben, holen uns ein. Wir haben schon so viele Nächte nicht geschlafen, weil das Panik-Kaninchen sich unter unsere Decke geschmuggelt hat und ganz langsam und unbemerkt von den Zehen hochgekrabbelt ist bis zum Kopf und sich ganz nah an uns geschmiegt hat. Spätestens dann wälzen wir im Geiste To-do-Listen, wiederholen Nicht-vergessen-Sätze oder überlegen uns, wie wir aus einer brenzligen Situation wieder rauskommen.

Kennen Sie solche Momente? Nein? Okay, Sie hatten also noch nie Geldsorgen, Angst davor, den Job zu verlieren, alleine zu sein, Verlustängste, Angst vor Krankheit, Tod, der Zukunft oder dem Scheitern? Dann möchten wir Ihnen ganz herzlich gratulieren. Sie haben einen Sechser im Lotto oder Sie sind besonders gut darin, sich selbst zu verarschen. Sie haben richtig gelesen. Wir sind davon überzeugt, dass jeder, der sich dieses Buch auch nur ansieht, an der einen oder anderen Stelle sagt: »Kenn ich!« Also lassen Sie sich bitte darauf ein und lassen Sie die sogenannte Schwäche »Angst« zu. Vielleicht können wir Sie ein wenig inspirieren oder Ihnen sogar dabei helfen, die eine oder andere Furcht abzulegen.

**Es gibt niemanden, der nie Angst hat.**

## KURZ GEFASST: JEDER HAT ANGST

Jeder hat vor irgendetwas Angst – und das ist kein Grund, sich schwach oder hilflos zu fühlen.

# Was ist Angst eigentlich?

Wissenschaftlich gesehen ist Angst eine Kettenreaktion im Gehirn, die durch einen Stressimpuls ausgelöst wird. Der führt zur Ausschüttung von chemischen Stoffen, die unter anderem dafür sorgen, dass unser Herz zu rasen beginnt, unser Atem schneller wird und sich unsere Muskeln mit Energie aufladen. Das nennt man die Fight-or-Flight-Reaktion: In kürzester Zeit entscheiden wir, ob wir gegen einen Gegner kämpfen oder doch lieber weglaufen wollen. Diese Angstreaktion geschieht automatisch und ohne dass wir sie bewusst herbeiführen müssen. Sie ist ein Instinkt, dem wir bereits als Urzeitmenschen folgten und der bis heute in uns steckt.

**KURZ GEFASST: WAS IST ANGST EIGENTLICH?**

Wenn wir Angst haben, reagiert der Körper instinktiv. In Sekundenschnelle entscheidet er, ob wir angreifen oder doch lieber weglaufen sollen.

# Angst ist noch so viel mehr

Wir erleben Angst aber nicht nur als Schutzreflex. Vielmehr treffen wir in so vielen verschiedenen Facetten auf das Phänomen, dass wir auf einige später unbedingt noch gesondert eingehen müssen. Offensichtlich hat sich unser Urinstinkt an die heutige Zeit angepasst und sagt sich: »Ich lebe im Zeitalter der Möglichkeiten. Warum soll ich mich also einschränken? Mir steht die Welt offen!« Genau das ist der Grund, weshalb Angst unter anderem in folgenden Formen im Alltag auftaucht:

## Angst zeigt sich als Kaninchen-Feeling

Wie bitte? Kaninchen-Feeling! Das ist das Gefühl, dass Sie beschleicht, wenn bei Ihnen die Panik einsetzt. Es kribbelt von den Pfoten bis in die obersten Enden der Löffel – und Sie verharren stocksteif in der Schockstarre. Es ist ein bisschen so, als ob Sie im Lichtkegel vor einem Auto stehen bleiben, das auf sie zurast und nicht zu bremsen gedenkt. Besser wäre natürlich, schnell in den sicheren Schatten zu hüpfen. Das ist klar. Aber ist Ihnen das schon mal passiert, dass Sie so ein Fellknäuel auf der Straße vor sich im Scheinwerferfokus hatten?

In Hamburg gibt es viele Kaninchen, die sich auch im Stadtgebiet bewegen. Wenn sie nachts auf die Straße hoppeln, sind sie fast sicher dem Tod geweiht. Wir gehören beide zu der Spezies Autofahrer, die bremst, wenn ein Tier auf die Straße läuft. Also haben wir schon einige Zeit hinter Kaninchen im Schneckentempo verbracht und sie selbst mit Hupen und Fluchen nicht in den Schatten bekommen. Wenn sie überhaupt hüpfen, dann meist immer weiter im Hellen! Oft bleiben sie aber einfach wie angewurzelt stehen – deshalb Kaninchen-Feeling!

## Angst macht Kopfkino

Getriggert von einem Ereignis oder einer Nachricht, spinnen wir in unserem Kopf einen ganz eigenen Plot darüber zusammen, was jetzt alles passieren kann. Es ist erstaunlich, wie kreativ wir dabei sind:

**Zugegeben, wir übertreiben hier ziemlich.**

Wer Angst vor Gewittern hat, dem reicht oft schon ein fernes Donnergrollen, um sämtliche elektrischen Geräte vom Strom zu trennen, alle Jalousien zuzuziehen und sich unter der Bettdecke zu verschanzen, wie ein Hund, der panische Angst vor Silvesterböllern hat. Man stelle sich nur vor, der Blitz schlägt tatsächlich in unserem Haus ein. Er fährt durch alle Stromleitungen und zerstört sofort unsere Computerfestplatte, unseren Fernseher und den Kühlschrank noch mit. Weil wir dummerweise gerade am Kommunikationskonzept für einen neuen Kunden gearbeitet haben, sind alle Daten »verschmort«, wir können die Präsentation am nächsten Tag nicht halten, verlieren deshalb unseren Job, können die Miete für die Wohnung nicht mehr bezahlen, enden nach einiger Zeit auf der Straße und landen schließlich mit einer Lungenentzündung im Bahnhofshospiz. Da es leider auch den Kühlschrank und das TV-Gerät erwischt hat, ist innerhalb von zwei Tagen alles Essen verdorben und wir bekommen nicht einmal mehr den Wetterbericht mit, der uns sagt, dass das Gewitter in fünf Kilometern Entfernung an uns vorbeigezogen ist.

Zugegeben, wir übertreiben hier ziemlich. Aber nach diesem Schema funktioniert unser negatives Kopfkino – ganz ohne Happy End.

## Angst lässt uns zu Theorieentwicklern werden

Wir neigen häufig dazu, schon bevor wir einen Schritt gegangen sind, vor lauter Angst, dass es der falsche ist, genau zu überlegen, was alles eintreten könnte, würden wir diesen Schritt denn tatsächlich gehen. So wird aus einer Befürchtung schnell einmal eine handfeste Theorie, die uns die Praxis erst gar nicht erleben lässt. Ein Beispiel:

**Angst lässt uns die Praxis erst gar nicht erleben.**

Wenn ich nach New York reise, fühle ich mich etwas mulmig, weil ich immer wieder an 9/11 denken muss. Falls die Sicherheitsmaßnahmen nicht ausreichen, könnte es passieren, dass wieder ein Selbstmordattentäter ins Flugzeug steigt. Die sollen ja immer wieder auf neue Ideen kommen. Ich bleibe also lieber zu Hause. Das Abenteuer New York werde ich nicht erleben, solange ich schlimme Theorien über das, was alles sein könnte, entwickle. Doch so kann ich die Praxis nicht erfahren. Schade drum!

## Angst ist ein Klischeebediener

Wünschen wir uns nicht alle hin und wieder, dass alles genau so bleibt, wie es ist? Dann können wir uns an Regeln und Klischees entlanghangeln, die uns vertraut sind. Klar, dann bewegt sich nichts. Dafür bekommen wir aber viel Bestätigung. Sätze wie »Das habe ich doch gleich gesagt, dass da nichts Gutes bei rumkommen kann!« festigen dieses Leitbild. Menschen, die sich so ausdrücken, lassen sich auf keinen Fall dazu bewegen, in der Zusammenarbeit mit der jungen und noch etwas unerfahrenen Kollegin etwas Positives zu sehen. Besser, wenn man alles weiterhin so macht wie bisher. Dann ist das Risiko überschaubar. Was man nicht selbst erledigt, wird ja auch nie so gut gemacht, wie man es haben möchte. Und die jungen Leute von heute, die können ja auch gar keine Verantwortung übernehmen. Wenn das Experiment dann tatsächlich missglückt und der jungen Kollegin ein Fehler unterläuft, wurde das Klischee bedient. Was aber eigentlich dahintersteckt, ist in der Regel nicht das vorausschauende Wissen, dass etwas schiefgehen wird. Vielmehr ist es die Angst davor, Verantwortung abzugeben. Denn dann könnte es passieren, dass man nicht mehr wichtig genug ist oder sogar entbehrlich. Plötzlich muss Anerkennung geteilt werden. Oder noch schlimmer: Andere stellen fest, dass man selbst den Job gar nicht so gut gemacht hat. Ein Horror!

## Angst ist ein Komfortzonenstörer und Gewohnheitsdieb

Es gibt diesen wunderbaren Puffer, den wir um uns herum aufgebaut haben: unsere Komfortzone. Solange wir uns innerhalb dieses Bereichs bewegen, kann uns nichts so schnell aus der Ruhe bringen. Wir bleiben ganz cool – bis wir einen Tritt bekommen, der uns nach draußen katapultiert. Dieser Tritt kann bereits die Meldung sein, dass ein Vegetariertag in Kantinen eingeführt werden soll. Was war das doch für ein lauter Aufschrei, als uns die Grünen einen Tag in der Woche zum Fleischverzicht »zwingen« wollten! Plötzlich fühlte man sich bevor-

**Die Angst beginnt gleich nach der Komfortzone!**

mundet. Zu Recht? Klar! Aber das geschieht täglich an vielen Stellen. Es fällt uns nur nicht auf, weil wir uns daran gewöhnt haben. Eine neue Bevormundung wollte man aber nicht dulden.

Jetzt werden Sie wahrscheinlich sagen: »Aber mal was anderes zu essen, das ist doch einfach. Das ist doch kein Schritt aus der Komfortzone!« Doch! Für viele ist es das:

In unserem Bekannten- und Freundeskreis weiß zum Beispiel jeder, wie schlecht Massentierhaltung für die Umwelt und ganz besonders für die Tiere ist. Trotzdem fällt es vielen unendlich schwer, auf Fleisch zu verzichten. Wovor haben wir Angst? Das »neue« und ungewohnte Essen könnte ja nicht schmecken. Die Ernährung könnte nicht ausgewogen sein. Man könnte verschiedene Vitamine, die es vor allem im Fleisch gibt, nicht mehr in ausreichenden Mengen zu sich nehmen. Und, und, und. Also bleiben wir lieber beim Altbekannten und Gewohnten. Da weiß man, was man hat. Alles, was außerhalb der Komfortzone liegt, macht erst einmal Angst.

## Angst ist ein Gleichgesinntenblasenerhalter

Die Blase der Gleichgesinnten nennen wir ein Phänomen, das auf Social-Media-Kanälen und Webseiten inzwischen üblich ist. Anhand dessen, was wir in Suchmaschinen eintippen oder wie wir Social-Media-Plattformen nutzen, wird ein Algorithmus erstellt. Der zeigt uns dann nur noch das, was wir scheinbar sehen möchten. Unser Klickverhalten führt also zu einem Filter. Beispielsweise bekommen wir bei Facebook hauptsächlich das zu sehen, was unsere »Freunde« teilen. Konkret heißt das: Wir werden häufig von diskussionswürdigen Medienberichten oder Meldungen, die wir angeblich nicht sehen wollen, abgeschirmt.

**Die Meinung der Andersdenkenden schockt uns.**

Wer seine Nachrichten hauptsächlich über Social-Media-Kanäle bezieht, bekommt diese vorgefiltert und vorgefärbt. Was hat das mit Angst

20    Angst: Der Kein-Grund-zur-Panik-Teil

zu tun? Die Meinung der Andersdenkenden jagt uns immer wieder einen Schauer über den Rücken oder schockt uns sogar. Sie wahrzunehmen, lässt sich aber leicht umgehen. Dazu müssen wir uns in Sachen Information einfach nur innerhalb unserer »Blase« bewegen. Wir kommunizieren überwiegend mit Gleichgesinnten und lesen hauptsächlich deren Meinung. So bekommen wir vor allem Informationen, die mit unseren eigenen Ansichten korrespondieren.

## Angst macht uns zu Ausredenerfindern

Ausreden haben häufig mit Ängsten zu tun. Wir trauen uns nicht, auf eine Veranstaltung zu gehen, weil wir »in dem Kleid zu dick aussehen« oder »zu alt« sind. Tatsächlich handelt es sich dabei aber meist um Glaubenssätze, die wir uns selbst **Zu dick, zu alt...!** eingeredet haben oder die uns von unserem Umfeld oder den Medien eingeflüstert wurden.

Woher diese Glaubenssätze kommen, spielt eine eher untergeordnete Rolle. Viel wichtiger ist: Wenn wir sie loswerden wollen, müssen wir aktiv etwas dagegen unternehmen! Doch das kostet Zeit und Energie. Also beten wir unsere Glaubenssätze ständig runter, um uns vor Herausforderungen zu drücken. So werden sie immer mehr zu einem Ausdruck unserer Angst vor Veränderung.

## Angst ist ein Unwissenheitsvertuscher

Oftmals fürchten wir uns vor Dingen, die wir nicht kennen oder die uns gar nicht passiert sind. Zieht zum Beispiel ein Ehepaar aus Afghanistan ins Nachbarhaus, machen sich einige Sorgen darüber, wie das wohl werden wird, weil sie die **Was wir nicht kennen,** fremde Kultur nicht kennen. Anstatt abzuwarten, **macht uns Angst.** was passiert, werden im Gespräch mit anderen Aussagen gemacht wie: »Man weiß ja, dass DIE sich nicht anpassen!« Oder: »Hoffentlich sind das keine Terroristen!«

Einige erinnern sich vielleicht noch an die Aussage von AfD-Vize Alexander Gauland: »Die Leute finden Boateng als Fußballspieler gut. Aber sie wollen einen Boateng nicht als Nachbarn haben.« Wir wollen Gaulands Worte an dieser Stelle nicht werten. Aber wir wollen aufzeigen, dass es in diesem Land leider Menschen gibt, die aus Unwissenheit voller Angst auf neue Situationen regieren, anstatt abzuwarten, was passiert, oder allen neuen Nachbarn sogar offen gegenüberzutreten. Wir wagen zu behaupten, dass Angst und Skepsis gegenüber anderen – unabhängig von der Hautfarbe, Konfession oder Kultur – oft dazu missbraucht werden, Unkenntnis zu vertuschen.

## Angst wird als Steuerungselement eingesetzt

Verschwörungstheorien scheinen das neue It-Thema unserer scheinbar so unsicheren Zeit zu sein. Je absurder eine Geschichte klingt, desto wahrer muss sie sein. Hinter jeder Rede, die ein Politiker hält, hinter jeder oft zu flapsig dahergebrachten Aussage wird eine Konspiration vermutet.

**Je stärker die Angst, desto leichter sind wir steuerbar.**

Zugegeben, wer sich mit gewissen Themen genauer beschäftigt, der kann es schon mit der Angst zu tun bekommen. Doch je mehr Angst wir haben, desto leichter sind wir steuerbar. Ein gutes Beispiel ist der Wahlkampf in den USA, der Donald Trump zum 45. Präsidenten der Vereinigten Staaten hat werden lassen:

Was hat Donald Trump im Wahlkampf für Sprüche abgelassen, bei denen sich viele erschrocken und geschockt an den Kopf fassten? Warum wurde er trotzdem gewählt? Weil er mit allgegenwärtigen Ängsten der Amerikaner gespielt hat: zu viele Einwanderer, zu wenige Jobs, zu geringer Einfluss auf das, was die Politiker tun. Trump hat vielen Verdrossenen das Gefühl gegeben, dass er der Korruption in der Regierung – laut

22  Angst: Der Kein-Grund-zur-Panik-Teil

einer Studie der Chapman University die größte Angst der Amerikaner – ein Ende macht. Seine Strategie scheint aufgegangen zu sein. Immerhin ist er aktuell einer der mächtigsten Männer der Welt.

**KURZ GEFASST: ANGST IST NOCH SO VIEL MEHR**

Es gibt zahlreiche Facetten, in denen sich Angst in unserem Alltag zeigt. Alle haben eins gemeinsam: Sie verleiten uns zu irrationalen Entscheidungen oder Handlungen und vernebeln unseren Blick.

# Das Gegenteil von Angst

Am besagten Sommertag im Jahr 2016, an dem die Idee zu diesem Buch entstanden ist, kam zwischen uns beiden auch eine rege Diskussion darüber in Gang, was eigentlich das Gegenteil von Angst sei.

Ralf sagt: »*Sicherheit ist das Gegenteil von Angst, weil wir Sicherheit mit Kontrolle gleichsetzen und Angst häufig Kontrollverlust zur Folge hat. Wenn wir keine Angst vor etwas haben, dann fühlen wir uns sicher.*«

Mona sagt: »*Freiheit ist das Gegenteil von Angst. Wenn ich Entscheidungen treffen kann, ohne von Ängsten gesteuert zu sein, dann fühle ich mich frei.*«

Da wir uns natürlich gegenseitig beweisen wollten, wer richtiglag, haben wir ein bisschen recherchiert und waren danach verwirrter als zuvor.

Die Psychotherapeutin, Autorin und Zen-Buddhistin Dr. Andrea F. Polard sagt im Interview mit der Zeitschrift »Yoga Aktuell«:

»*... Daher ist das Gegenteil von Angst Vertrauen. Und als Menschen haben wir diese Möglichkeit auch in uns und können*

*sie entwickeln – ein grundsätzliches Vertrauen ins Leben aufzu-
bauen ...«*[1]

In Ausgabe 53 des »fluter«, dem Magazin der Bundeszentrale für politische Bildung, steht:

>*»Information ist eigentlich das Gegenteil von Angst. Aber nur von
>beruhigenden Informationen können selbst Qualitätsmedien nicht
>leben. Dazu kommt, dass Journalisten nicht anders funktionieren
>als die Menschen, die sie informieren sollen. Auch Journalisten
>lassen sich manchmal lieber von Angst leiten als von besserem
>Wissen.«*[2]

Der Journalist, Philosoph und Autor Gert Scobel sagt in seiner Kolum-
ne »Statt Angst zu haben, sollten wir etwas verändern – Gert Scobels
Gedanken zu ›Die hysterische Gesellschaft‹« für 3sat:

>*»Und die Angst? Das Wort leitet sich vom althochdeutschen Wort
>für Enge ab. Das Gegenteil von Angst wäre also eine Stimmung, die
>uns wieder weit und offen macht: Humor beispielsweise ...«*[3]

Ferner haben wir in verschiedenen Yoga-Philosophien Gelassenheit als
das Gegenteil von Angst entdeckt. Zudem werden auf den Homepages
von Psychologen oder anderen Experten und auf philosophischen Portalen oft auch Mut, Liebe, Lust und einiges mehr genannt.

Was aus unseren Recherchen klar hervorgeht: Angst kann nicht auf die
rein körperliche Reaktion reduziert werden. Das Thema ist sehr vielschichtig. Verschiedene Ängste machen unterschied-
**Angst ist vielschichtig!** lichen Lösungswege und Entwicklungsmöglichkeiten
notwendig, damit wir uns nicht von ihnen dominie-
ren lassen. Wir müssen also unterschiedliche Hebel
ansetzen, um der jeweiligen Angst entgegenzutreten. Als gemeinsamen
Nenner im Umgang mit ihren vielen Facetten haben wir den Einsatz
unseres gesunden Menschenverstands identifiziert.

Wir wollen an dieser Stelle noch einmal klar betonen, dass hier NICHT von Traumata oder Angststörungen die Rede ist. Vielmehr möchten wir die kleinen und größeren, mal nötigen, mal unnötigen Ängste im Alltag besprechen und im besten Fall auflösen. Schwierig ist dabei die Einschätzung, wann Angst zu einer Gefahr für uns selbst oder für unser Umfeld wird und wann sie eher als positive Eigenschaft zu werten ist. Fangen wir doch damit an, der Angst etwas Positives abzugewinnen.

## KURZ GEFASST: DAS GEGENTEIL VON ANGST

Unsere Ängste sind enorm verschieden. Deshalb lässt sich auch das Gegenteil von Angst nicht einfach mit einem Begriff definieren. Es gibt jedoch eine gute Methode, um irrationale Ängste in den Griff zu bekommen: Setzen Sie Ihren gesunden Menschenverstand ein und richten Sie Ihren Blick auf die positiven Aspekte der Angst!

# Angst ist gut!

Bei einer – sagen wir mal nicht ganz repräsentativen – Umfrage in unserem Freundes- und Bekanntenkreis haben wir viele unterschiedliche Aspekte zum Thema Angst herausgehört. Ganz besonders interessant fanden wir den Ansatz einer Kollegin. Sie arbeitet in einer Trainervermittlung und hat Folgendes zu sagen:

»*Ich bin der Meinung, dass Ängste wichtig sind. Manche Ängste sind sogar Stärken. Für mich geht es meistens nicht darum, Ängste zu überwinden, sondern ihnen einen Platz im Leben einzuräumen und sie auch zu schätzen.*«

Gehen wir dieser Aussage auf den Grund: Alles, was die Natur für uns vorgesehen hat, dient zunächst einmal dem Überleben. So ist es auch mit der Angst. Sie ist ein Urinstinkt, der uns in erster Linie vor Gefahren schützt. Das ist gut. Sonst würden wir vielleicht einfach vor Autos laufen, uns in freier Wildbahn mit Bären anlegen oder aus dem fünften Stock springen, weil unser Körper uns nicht davor warnt. Wenn wir Angst also ganz genau betrachten, dann ist sie kein Grund zur Panik und keiner sollte sich ihretwegen schlecht fühlen. Ohne die gute alte Angst würden wir Menschen auf der Liste bedrohter Spezies stehen oder wir wären bereits ausgestorben. Angst kann also durchaus als eine Stärke gewertet werden.

Im Hinblick auf die Evolution müssen wir uns alles andere als schämen, wenn wir vor etwas Angst haben. Dennoch werden wir oft deswegen gehänselt. Das fängt schon in der Kindheit an. Wie oft hören wir den Spruch »Sei doch kein Angsthase!«? Kein Wunder, dass wir die Botschaft »Angst ist böse!« verinnerlichen, anstatt sie erst einmal als das zu akzeptieren, was sie ist – ein Überlebensinstinkt.

Wir bekommen Angst davor, Angst zu haben. Das müssen Sie sich einmal auf der Zunge zergehen lassen. Doch wo Angst ist, steckt auch

**Wir bekommen Angst davor, Angst zu haben.**

Entwicklung. Angst sorgt nämlich in gesunden Dosen auch dafür, dass wir nach kreativen Lösungen suchen. Auf kleine Beispiele begrenzt heißt das: Habe ich Angst, durch eine dunkle Gasse zu gehen, sehe ich mich nach einem anderen Weg um. Fürchte ich mich davor, vor einer Menschenmenge zu sprechen, werde ich zum Beispiel vorher vor einem kleineren Publikum proben, mir weitere Personen als Unterstützung dazu holen, eine PowerPoint-Präsentation als roten Faden vorbereiten oder mir mein Lieblingskleidungsstück anziehen, in dem ich mich richtig wohlfühle. Habe ich also vor etwas Zukünftigem Angst, bereite ich mich gut darauf vor.

Denken wir etwas kurzfristiger, dann warnt uns Angst vor drohenden Gefahren. Wir kennen doch alle das Gefühl, dass uns etwas mulmig im Magen wird und wir am liebsten weglaufen würden. Hier ein Beispiel:

Eine Freundin erzählte uns in einem Gespräch, dass sie gerade dabei war, ihre Angst vor Fahrstühlen zu überwinden: Doch als sie den Aufzug einer Berliner Klinik betreten wollte, beschlich sie ein ganz ungutes

Gefühl. An diesem Tag hat sie spontan die Treppe genommen, obwohl es ganz schön hoch hinaufging. Als sie ziemlich verschwitzt oben ankam, erfuhr sie, dass drei Menschen in besagtem Aufzug festsaßen. Das Problem mit dem Fahrstuhl konnte zwar innerhalb einer Stunde behoben werden. Unsere Freundin war ihren Instinkten in diesem Moment jedoch sehr dankbar. Ein Steckenbleiben hätte sie in ihrer Bemühung, die Angst vor Aufzügen zu verlieren, sehr zurückgeworfen, und sie wäre so schnell in keinen Lift mehr eingestiegen – so viel ist sicher.

Dramatischer ging es beim Erlebnis eines Freundes zu, der beinahe Opfer eines Gasleitungsunfalls geworden wäre. Kurz vor der Explosion, die keiner vorhersehen konnte, signalisierte ihm sein »eingebautes« Alarmsystem, den Rückzug in eine Unterführung anzutreten. Er erzählte hinterher: »Das war, als ob man eine unsichtbare Wand vor mir aufgebaut hätte, die mich zwang, einen anderen Weg zu gehen. Ich konnte einfach nicht geradeaus weiterlaufen!« Was auch immer das Warnsignal seines Körpers ausgelöst hatte, es hat ihm wahrscheinlich das Leben gerettet. Deshalb raten wir dringend dazu, in solchen Situationen auf die Angst zu hören.

## KURZ GEFASST: ANGST IST GUT!

### Die Vorteile von Angst:

#### Sie schützt unser Überleben.
Angst ist ein Urinstinkt, der uns auch heute noch aus zahlreichen Gefahrensituationen befreit.

#### Sie schärft die Sinne.
Wer Angst hat, dessen Sinne laufen auf Hochtouren und nehmen mehr wahr, als wenn sich der Körper im »Normalzustand« befindet.

#### Sie bringt uns ins Tun.
Habe ich vor einer Situation oder einem bevorstehenden Ereignis Angst, bereite ich mich intensiv darauf vor. Ich werde also aktiv, um möglichst gefasst mit den Dingen umzugehen, die auf mich zukommen.

**Die Nachteile von Angst:**

**Sie lähmt uns, macht uns unbeweglich.**
Wer Angst hat, fühlt sich häufig scheinbar ausweglos in die Ecke gedrängt und kann nicht mehr »frei« handeln.

**Sie lässt uns die Menschlichkeit verlieren.**
Ängstliche Menschen bedienen sich gerne Klischees und Schlagzeilen, um über andere zu urteilen.

**Sie blockiert neue Ideen und killt die Neugier.**
Habe ich Angst, versuche ich zunächst einmal, gewohnte Wege zu gehen. Alles, was von der Norm abweicht, sorgt für mehr Angst und blockiert im ersten Moment die Kreativität und die Lust auf Neues.

**Sie verhindert rationale Entscheidungen.**
Wer Angst hat, handelt selten rational, sondern häufig wie ein fremdgesteuerter Roboter.

---

# Vom Urinstinkt zum Wirtschaftszweig

Grundsätzlich ist das Angsthaben heutzutage in den meisten Situationen nicht mehr ganz so überlebenswichtig wie noch bei unseren Vorfahren. Wir müssen nicht mehr fürchten, dass wir plötzlich alleine vor einem Säbelzahntiger stehen, der noch nicht zu Mittag gegessen hat. Allerdings wird heute dafür gesorgt, dass wir Ängste haben und bis zu einem gewissen Grad auch behalten, seien sie auch noch so irrational. Weiterhin bemühen sich ganze Industriezweige darum, dass wir genau wissen, wie wir uns gegen die vermeintlichen Gefahren schützen können.

**Viele leben gut vom Geschäft mit unseren Ängsten!**

Unsere Gesellschaft hat die Angst an vielen Stellen pervertiert und so den realistischen Bezug dazu verloren. Ein Urinstinkt hat sich zu einem Wirtschaftszweig entwickelt, mit dem jede Menge Geld verdient wird. Es gibt einen Grund dafür, warum die R+V Versicherung seit 25 Jahren eine Studie zum Thema »Die Ängste der Deutschen« durchführt: Wer die Ängste seiner potenziellen Kunden kennt, kann die passende Versicherung dazu anbieten. Klingt logisch, oder? Versicherungen sind jedoch nicht die Einzigen, die vom Geschäft mit unseren Ängsten leben. Hier nur ein paar Beispiele:

## Alle Unternehmen aus dem Bereich Sicherheit

Laut einer Statistik des Bundeskriminalamtes (BKA) ist die Zahl der Einbrüche in Privathäuser, Wohnungen, Gewerberäume oder Garagen zwischen 2005 und 2015 um über 50 Prozent gestiegen.[4] Kein Wunder, dass die Angst vor Einbrechern hierzulande immer größer wird. Als Konsequenz erzielte die Sicherheitsbranche 2015 über 14,5 Milliarden Euro Umsatz. Das ist im Vergleich zu 2013 ein Anstieg um 17 Prozent.

Allein in unserem persönlichen Umfeld gab es in den letzten paar Jahren fünf Einbrüche – zu unterschiedlichen Tageszeiten und in verschiedenen Städten:

Monas Mutter erwischte in der Nähe von Stuttgart einen Einbrecher, als sie von der Arbeit nach Hause kam. Der suchte glücklicherweise – ohne Beute – sofort das Weite. Daraufhin wurden alle Fenster und Türen von einem Experten überprüft und bekamen modernere Sicherungen wie abschließbare Fenstergriffe und Sicherheitsschlösser.

Die folgende Geschichte ist erst kürzlich passiert: Während ein befreundetes Ehepaar im Urlaub war, wurde das gemeinsame Haus in Hannover ausgeräumt. Als sie nach 14 Tagen zurückkamen, fanden sie völliges Chaos vor, und die Erholung war im Nu dahin. Nach eigener Aussage fühlen sie sich seither »zu Hause nicht mehr sicher« und »in ihrer Privatsphäre bedroht«. Inzwischen haben sie einen privaten Sicherheitsdienst beauftragt, der eine Alarmanlage installierte und regelmäßig vor dem Haus Streife fährt.

In anderen Ländern ist das Geschäft mit der Sicherheit noch ausgeprägter. Während diese Zeilen entstehen, sitzt Mona in einer kleinen Wohnung im zweiten Obergeschoss im New Yorker Stadtteil Brooklyn hinter vergitterten Fenstern. Wer einmal durch Brooklyn spaziert, dem fällt schnell auf, dass fast alle Häuser in den unteren Stockwerken vergitterte Fenster haben, manche sogar in den oberen Geschossen. Und das, obwohl New York inzwischen unter den Top 10 der sichersten Großstädte zu finden ist.


## Die Dating-Industrie

Wer Single ist, gilt in unserer Welt oft als unvollkommen. Als Mona ihren Facebook-Status vor Jahren von »Single« zu »In einer Beziehung« änderte, gab es so viele Kommentare wie nie zuvor.

**Wer Single ist, gilt oft als unvollkommen.** Das Highlight: »Hat sich endlich einer erbarmt!« Diese Anmerkung kam auch noch von einer Teenager-Liebe. Schönen Dank dafür, du Pappnase! Fühl dich ruhig angesprochen!!!

Aber zurück zum Thema: Viele von uns kennen Feierlichkeiten, wie die Hochzeit von Geschwistern oder Freunden, die man als Single allein besucht. In diesem Fall wird man garantiert gefragt: »Und, wann ist es bei dir so weit?« Ohne genügend Alkohol ist das kaum zu ertragen. Noch schlimmer sind allerdings die Verkupplungsversuche der anwesenden Pärchen. Wer sich vor einer derartigen Festivität noch schön, glücklich und unabhängig fühlte, verlässt das Event meistens mit dem Gefühl, dass eine zweite Hälfte fehlt. Da hilft es auch nur wenig, dass sich die Medien mit Berichten wie »Glücklich Single« oder »23 Gründe, warum es geiler ist, Single zu sein« überschlagen.

30  Angst: Der Kein-Grund-zur-Panik-Teil

Natürlich bringt das Gemeinsam-durchs-Leben-Gehen viele Vorteile, wenn eine Beziehung glücklich ist. Tatsächlich hat jede Zweisamkeit ihre Vorteile. Natürlich gilt das auch für andere Bindungsmodelle. Wir möchten hier niemanden diskriminieren. Aber genau wie das Leben als Single, bringt eine Gemeinschaft eben auch Nachteile mit sich. Es gäbe also – ganz rational gesehen – keinen Grund dazu, als Single zu verzweifeln. Trotzdem boomen Dating-Portale und -Apps wie nie zuvor. Ihre Betreiber machen sich die Taschen voll und die Werbetreibenden auf den Portalen verdienen sich eine goldene Nase damit, dass Menschen sich nach einer Beziehung sehnen.

Besonders das Smartphone bietet bei der Partnersuche schier unbegrenzte Möglichkeiten: App downloaden, Vorschläge bekommen und nach links oder rechts wischen. Ein Match – und schon kann es losgehen mit dem Chatten, Flirten und vielleicht auch Treffen oder gar mehr. Für welche App man sich auch entscheidet, alle haben eines gemeinsam: Sie bekämpfen die Angst vor Einsamkeit, sie sorgen für jede Menge Beschäftigung und helfen dabei, sich als Single nicht als unvollkommenes Mitglied der Gesellschaft zu fühlen.

## Die Waffenindustrie

In den USA werden mehr Waffen denn je verkauft. 2015 gab es laut einer Statistik des FBI mehr Anträge auf Waffenbesitz von Privatleuten als jemals zuvor. Experten machen dafür zwei Faktoren verantwortlich: zum einen Terroranschläge wie in **In den USA werden mehr** Paris oder im kalifornischen San Bernardino. Zum **Waffen denn je verkauft.** anderen steigt der Umsatz der Branche wegen der Angst der Amerikaner vor schärferen Regulierungen beim Waffenkauf und -besitz. In der Ära Trump sollte das zunächst einmal vom Tisch sein. Trump ist seit Ronald Reagan der erste Präsident, der bei einer Veranstaltung der NRA, der National Rifle Association of America oder eingedeutscht der Nationalen Amerikanischen Gewehr-Vereinigung, auftrat. Als er im April 2017 in Atlanta im Bundesstaat Georgia vor die politisch einflussreiche Waffenlobby trat, sagte er: »Ihr habt einen echten Freund und Champion im Weißen Haus!«

In Deutschland verhindert die Gesetzgebung, dass sich der Bürger privat einfach so aus Angst bewaffnet. Allerdings steigt die Zahl der Käufe von Schreckschusspistolen und Reizgassprays. Ein echter Boom war nach den Straftaten in Köln in der Silvesternacht 2015 / 2016 zu beobachten.

## Die Medien

Auch wenn wir uns auf keinen Fall in die Reihen der »Lügenpresse-Schreier« begeben wollen, fällt nicht nur uns auf, dass »Angst, Hass, Titten und Wetterbericht«[5] für Auflage sorgen. Wir glauben nicht, dass die Medien Lügen verbreiten, zumindest die meisten nicht. Wir denken, dass die Marketing-Experten unter den Medienschaffenden genau wissen, dass sie mit Geschichten, die Angst machen, Leser, Hörer und TV-Zuschauer erreichen. Reality-Soaps lassen uns in gesellschaftliche Abgründe blicken und seriöse Nachrichtensendungen verbreiten eine Horrormeldung nach der anderen. Tote Kinder, brennende Häuser, grausame Überfallszenen und Mord dominieren unsere mediale Welt. Positive Nachrichten lassen sich anscheinend nicht so gut verkaufen. Dazu ein Zitat des deutschen Aphoristikers Erwin Koch:

> *»Mit ihrem Fokus auf das Negative zeigen uns die Medien kein Abbild, sondern ein Zerrbild des Lebens, das von den Rezipienten dann auch prompt mit der Realität verwechselt wird.«*

Da ist was dran, finden wir. Wir werden also, je nach Häufigkeit der Mediennutzung, den ganzen Tag mit schlechten Nachrichten bombardiert – in der Zeitung, im Radio, im TV und ganz besonders auch im Internet. Wie sollen wir denn dabei noch gut gelaunt bleiben?

# Die Pharmaindustrie

Wenn wir in den USA in einer Drogerie vor einem Regal mit Schmerztabletten stehen, trifft uns fast der Schlag. Aspirin und Tylenol, das bei uns Paracetamol heißt, gibt es in allen möglichen Varianten. Die Aspirin-Behälter sind bis oben hin mit bis zu 1000 Pillen gefüllt und kosten nur um die 20 US-Dollar.

Aber auch bei uns in Europa und in Deutschland bekommt man das Gefühl, dass Medikamente wie Bonbons konsumiert werden. Anstatt auf die Zipperlein des Körpers zu hören und ein bisschen Ruhe einkehren zu lassen, gibt es für alles eine passende Pille. Die lindert – zumindest vorübergehend – die Symptome, meist aber nicht die Ursachen.

**Medikamente werden wie Bonbons konsumiert.**

Wir Menschen haben Angst, dass wir nicht leistungsfähig genug sind oder dass ein Tag mit Kopfschmerzen im Bett nicht vertretbar ist. Ständige Verfügbarkeit muss gewährleistet sein, und wenn der Körper sagt: »Stopp – ich brauche eine Pause!«, dann gehen wir eben chemisch dagegen vor.

Gerade bei Selbstständigen – auch bei uns selbst – haben wir das Phänomen »Angst, etwas Wichtiges zu verpassen« beobachtet. Oft haben wir Ruhephasen immer wieder vor uns hergeschoben und verschoben. Mit dem Ergebnis, dass der Körper irgendwann ganz laut schreit: »Meetings kannst du jetzt vergessen. Du bleibst im Bett!«

Viele von uns haben eine riesige Panik davor, Anrufe oder E-Mails zu verpassen oder gar einmal völlig auszufallen. Und dann kommt auch noch die Angst vor neuen Epidemien dazu. Schweinegrippe, Vogelgrippe, Geflügelpest, BSE …

In den letzten Jahren poppen immer wieder Meldungen mit neuen Gefährdungen auf. Auch die Angst vor Masern und anderen »Kinderkrankheiten« ist zurückgekehrt. Im Fokus steht meist die Frage: impfen oder nicht impfen? Von der Angst der Eltern um die Gesundheit ihrer

Kinder oder auch generell der Menschen um die eigene Gesundheit und die von Angehörigen profitiert wieder einmal eine Industrie wie keine andere: die Pharmaindustrie.

## KURZ GEFASST: VOM URINSTINKT ZUM WIRTSCHAFTSZWEIG

Wahrscheinlich haben wir an dieser Stelle die eine oder andere Branche vergessen. Es wird aber sicherlich deutlich, dass das Geschäft mit der Angst lukrativ ist. Lassen Sie sich also nicht von jeder Meldung gleich aus der Fassung bringen. Arbeiten Sie stattdessen lieber daran, irrationale Ängste loszuwerden. Das spart nicht nur Geld, sondern schont auch Ihre Nerven.

# Was hilft gegen Angst?

Wir müssen nicht immer gleich zu Medikamenten greifen. Denn das Leben stattet uns mit vielen ganz natürlichen Mitteln aus, die uns beim Bekämpfen von Ängsten unterstützen. Den gesunden Menschenverstand haben wir ja bereits erwähnt und können ihn gar nicht genug betonen. Aber es gibt noch viel mehr natürliche und äußerst wirksame Anti-Angst-Mittel – zum Beispiel:

## Erfahrung

Je mehr Erfahrung wir mit einer Situation haben, die uns Angst macht, desto leichter wird es meist, damit umzugehen. Wir kennen zahlreiche Musiker, die sich zu Anfang fürchteten, auf die Bühne zu gehen. Viele haben immer Lampenfieber. Dennoch lassen sie zahlreiche positive Erfahrungen – beispielsweise begeisterte Publikumsreaktionen – immer wieder ins Rampenlicht treten.

Ein befreundeter Comedian hat einmal erzählt: »Wenn die Angst ganz weg ist, dann fehlt oft auch die Energie auf der Bühne. Dann wird alles zur Routine. Und das wäre ja langweilig. Aber meine Erfahrung hat mich deutlich ruhiger werden lassen.«

## Übung und Routine

Je öfter wir etwas gemacht haben, desto leichter fällt es uns. Wer erinnert sich noch an seine ersten Fahrversuche? So richtig routiniert waren die sicherlich nicht. Wir haben immer noch vor Augen, wie schwer es war, einfach nur loszufahren und sich in den fließenden Verkehr einzureihen. Ein Horror! Worauf wir damals alles noch aktiv achten mussten, schien völlig unüberschaubar. Heute läuft das alles von alleine, und wir denken eher: »Eigentlich ist es ein Wunder, dass nicht mehr Unfälle passieren, wenn man sieht, wie die anderen Auto fahren!«

## Freunde

Echte Freunde, also nicht unbedingt diejenigen, die sich auf unseren Social-Media-Kanälen tummeln, sind eine nicht zu unterschätzende Macht gegen die Angst. Zum einen geht es im gegenseitigen Umgang offen zu. Zum anderen profitieren wir von den Erfahrungen und Routinen der anderen. Ein Gespräch mit einem guten Freund kann leicht neue Perspektiven aufzeigen, die wir selbst in unserem »Filter« nicht entdeckt hätten. Freunde können aber auch dabei helfen, Ängste abzubauen. Oft genügt es schon, dass sie einem zuhören und einen im Notfall auffangen. Sie bieten starken Rückhalt und sind Menschen, mit denen wir Angstsituationen gemeinsam angehen können.

**Echte Freunde sind eine Macht gegen die Angst.**

# Fakten

Viele unserer Ängste sind völlig irrational. Wir haben Angst vor dem Fliegen, brettern aber mit 200 Sachen über die Autobahn. Das Flugzeug ist jedoch nachweislich das sicherere Verkehrsmittel. Das können wir in zahlreichen Statistiken nachlesen. Wir haben Angst vor der Überfremdung und vor dem Verlust unserer Identität als Nation. Trotzdem lieben wir es, beim Italiener Pizza zu essen, beim Vietnamesen Frühlingsrollen zu genießen oder beim Libanesen Mezze zu bestellen. Wir sind einfach wirklich gut darin, die Wahrheit selektiv zu sehen. Zudem können verschiedene Studien und Statistiken glaubhaft vermitteln, dass eine »Überfremdung« nicht passieren wird und Deutschland als klassisches Einwanderungsland neue Impulse und Kulturen nicht nur verkraften kann, sondern sogar davon profitiert.[6] Bleibt jedoch das Misstrauen, ob diese Studien tatsächlich auf Fakten beruhen oder ob sie selektiv durchgeführt wurden, um ein bestimmtes Bild zu erzielen, das politisch und gesellschaftlich gewünscht ist.

Ob Fakten tatsächlich Fakten sind, ist heutzutage wirklich nicht mehr so einfach zu überprüfen. Jeder Studie steht eine weitere gegenüber, die das Gegenteil behauptet. Und jeder, der Lust darauf **Wahrheit ist häufig eine Frage der Perspektive.** hat, mal etwas zu veröffentlichen oder seine Meinung im etwas anonymeren Rahmen des Internets kundzutun, hält sich für einen Journalisten und verkauft seine Meinung als alleinige Wahrheit. Akzeptieren Sie also nicht so schnell eine Aussage als Fakt. Wahrheit ist leider inzwischen häufig eine Frage der Perspektive geworden.

Schauen Sie bei sogenannten Fakten immer genau hin und fragen Sie sich: »Wer hat eine Studie in Auftrag gegeben? Wer profitiert von welchen Ergebnissen? Sind die Aussagen belegbar?« Wer der Wahrheit nahekommen möchte, sollte sich auf jeden Fall aus verschiedenen Quellen Informationen zusammensuchen und nicht vergessen, den gesunden Menschenverstand einzuschalten. Wir haben davon nämlich mehr, als wir oft glauben.

# Unabhängigkeit

Wer sich von anderen Menschen finanziell oder auch emotional abhängig macht, ist viel anfälliger für Ängste als diejenigen, die sich ein Stückchen Unabhängigkeit bewahren. Das gilt sowohl im Privatleben als auch im Job.

Hat man in einer Partnerschaft keine eigenen Freunde mehr, pflegt man keine eigenen Hobbys, steigt die Verlustangst meist an. Das liegt daran, dass wir schnell das Gefühl bekommen, ohne den anderen nichts mehr zu sein. Eine Freundin sagte neulich: »Ich habe meinem Lebensgefährten gedroht: Wenn du mich verlässt und wieder nach da draußen schickst, dann bringe ich dich um!« Im ersten Moment war die Geschichte ein Lacher. Wir sind überzeugt, dass sie ihn nicht umbringen würde. Sie hat sich aber emotional so eng an ihn gebunden, dass sie sich selbst abhängig fühlt. Das jagt ihr eine Heidenangst ein. Viel schlimmer ist für sie aber die Vorstellung, wieder auf dem sogenannten Singlemarkt aktiv werden zu müssen.

Im Job sieht das ähnlich aus. Wer selbstständig ist, sollte sich nicht auf ein Standbein und besonders nicht auf einen Kunden verlassen. Wenn der wegbricht, ist von heute auf morgen Panik angesagt. Kurzfristig betrachtet ist die wahrscheinlich **Abhängigkeit schürt Ängste!** sogar berechtigt. Es gibt zahlreiche Beispiele von Firmen, die deswegen Pleite gemacht haben. Die meisten erinnern sich bestimmt noch an Berichte von landwirtschaftlichen Betrieben, die aufgrund von Großaufträgen von Discountern expandiert haben. Danach wurden ihre Preise so gedrückt, dass es besser war, aufzugeben, anstatt zu liefern und draufzuzahlen. Aber auch Kleinunternehmer, die sich aufgrund eines Versprechens von zahlreichen Aufträgen selbstständig gemacht haben, mussten oft wieder aufgeben, weil der vermeintliche Großkunde insolvent war oder intern entschieden wurde, neue Prioritäten zu setzen.

Welcher Lebensbereich auch immer betroffen ist: Abhängigkeit ist nie gut und sorgt häufig für Ängste, die nicht sein müssten. Wir haben übrigens beide mehrere Standbeine. Ralf ist Moderator, Speaker, Event-designer, Autor und Veranstalter für Impro-Hotels. Mona arbeitet in der PR, im Künstlermanagement, ist Journalistin und Autorin.

## Andersartigkeit

Suchen Sie sich Menschen, die anders sind als Sie. Das erweitert Ihren Horizont ungemein und lässt Sie die Angst vor Neuem und Unbekanntem schnell vergessen, weil Sie noch nie da gewesene Erfahrungen sammeln. Andere Meinungen und Blicke auf Themen sorgen für frischen Wind und unterstützen auch dabei, angstgeprägte Vorurteile abzulegen. Jede Andersartigkeit hilft uns, eine neue Perspektive einzunehmen. Wir beide lieben es zum Beispiel, mit Menschen aus anderen Generationen zu sprechen, am besten außerhalb der eigenen Familie:

Mona hat in New York mit zwei Dozentinnen an unterschiedlichen Colleges in den USA gesprochen. Eine der Damen, die die Position einer Dekanin innehat, weigerte sich zum Beispiel, einer Einladung ins Weiße Haus zu folgen. Sie wollte auf keinen Fall die Trump-Regierung unterstützen. Furchtlos stellte sie sich einem ungeliebten Regime entgegen und hat damit ein klares Statement gesetzt. In Deutschland hätten wir uns höchstwahrscheinlich erst einmal Gedanken darüber gemacht, was alles passieren könnte, wenn wir »den Gehorsam verweigern«. Manchmal scheint es, als ob uns so ein positiver Aktionismus fehlt. Die Dame ist übrigens Einwanderin. Sie stammt ursprünglich aus Jamaika, hat in Kanada studiert und lebt und arbeitet bereits seit über 40 Jahren in den USA. Und: Ihren Job übt sie immer noch aus!

Ralf hat ungefähr zur gleichen Zeit mit seinem Team das Bühnen- und Rahmenprogramm der IdeenExpo in Hannover gestaltet. Hier geht es um Fort- und Weiterbildung für Schüler. Um deren Nerv und auch den der Eltern zu treffen, ist ein ständiger Dialog mit der heranwachsenden Generation unerlässlich. Das baut Vorurteile und Berührungsängste ab und erweitert den eigenen Horizont um ein Vielfaches.

# Neugier

Entwickeln Sie eine Lust darauf, außergewöhnliche Wege zu gehen. Je eingefahrener wir sind, desto wichtiger erscheint es, dass alles so bleibt, wie es ist. Gewohnheit und Altbekanntes schaffen eine scheinbare Sicherheit. Doch wenn dann plötzlich etwas Unvorhergesehenes passiert, gerät die Sicherheit schnell ins Wanken. Wer Lust darauf hat, neue Wege zu gehen, hat weniger Angst davor, diese Pfade auch einmal zu beschreiten, wenn er nicht dazu gezwungen wird. Zudem wird er routinierter im Umgang mit Veränderungen. Je besser wir mit Veränderungen umgehen können, desto leichter wird es. Und je neugieriger Sie sind, desto aktiver gehen Sie in Veränderungen hinein, und Angst wird zum Fremdwort.

**Neugier macht Angst zum Fremdwort.**

# Distanz zur Angst

Schaffen Sie eine gedankliche Distanz zu Ihren Ängsten, anstatt sich immer tiefer hineinfallen zu lassen oder sich gar mit ihnen zu identifizieren. Einige Menschen beschäftigen sich so sehr mit ihren Ängsten, dass sie sich im schlimmsten Fall darüber definieren. Wir möchten hier nicht dazu aufrufen, Ängste zu ignorieren. Ein gesunder Abstand dazu ist jedoch dringend anzuraten. Das zeigt auch das folgende Beispiel:

Eine Freundin erzählte uns vor einiger Zeit, dass sie ihre Arbeit nicht mehr schaffen würde, weil sie so große Angst davor habe, ihren Job zu verlieren. Die Angst war auch nicht unbegründet, denn in ihrer Firma gab es bereits die dritte Kündigungswelle innerhalb weniger Jahre. Bisher war sie davon jedoch verschont geblieben. Sie steigerte sich trotzdem immer weiter in die Situation der vermeintlich Entlassenen hinein.

Irgendwann saß sie tagsüber wie gelähmt an ihrem Schreibtisch und konnte keinen klaren Gedanken mehr fassen. Sie machte Fehler, wurde langsam und brachte keinerlei Kreativität mehr in die Firma ein. Innerlich hatte sie mit dem Kapitel bereits abgeschlossen und sich in die Opferrolle begeben. Allerdings war sie auch nicht in der Lage, die Konsequenzen zu ziehen und sich aktiv einen neuen Job zu suchen. Sogar in der Freizeit gab es kein anderes Thema mehr. Ihre Freunde konnten die immer wieder selbe Leier nicht mehr hören.

Zum Glück hatte sie einen Chef, der bemerkte, dass mit ihr etwas nicht stimmte. Er sprach sie darauf an. Auch er war sich seiner Position im Unternehmen nicht mehr sicher und erzählte ihr, wie er mit der schwierigen Lage umging. Er versuchte, seine Angst zu akzeptieren, sich aber nicht mehr von ihr leiten zu lassen. Anstatt sich permanent einzureden »Das geht alles schief!«, schickte er die Angst in Gedanken jeden Tag ein bisschen weiter von sich weg, bis sie zur Tür hinausgegangen war. Dann schloss er die Tür und versuchte wieder dafür zu sorgen, dass sich die Firma aus der Umsatzflaute herausarbeiten konnte. Unsere Freundin folgte seiner Strategie. Gemeinsam und mit einer gesunden Haltung gegenüber der Situation schafften sie es, die Umsatzflaute zu besiegen. Als das schließlich geschafft war, wurde der Chef befördert und hat unsere Freundin gleich mit in den neuen Aufgabenbereich genommen. Sie hatte zusammen mit ihm die Angst besiegt, die Kehrtwende eingeleitet und sich so ihren Arbeitsplatz gesichert.

## KURZ GEFASST: WAS HILFT GEGEN ANGST?

Jeder hat Ängste, und so vielfältig sie sind, so unterschiedlich sind auch die Wege, um sie loszuwerden. Es gilt in jedem Fall zu vermeiden, dass wir uns von unseren Ängsten überfordern und leiten lassen. Sonst kommt das große böse Panik-Kaninchen und wir schlittern Stück für Stück in den totalen Kontrollverlust.

# Die Ängste der Deutschen

Die regelmäßige Studie »Die Ängste der Deutschen« im Auftrag der R+V Versicherung basiert auf 16 Grundängsten, die jedes Jahr abgefragt werden. Aufgeteilt sind diese in wirtschaftliche bzw. politische Themen, externe Bedrohungen, persönliche Sorgen und Umweltängste. Alles Wissenswerte dazu gibt es unter:

https://www.ruv.de/presse/aengste-der-deutschen

In den Ergebnissen der Studie aus dem Jahr 2016 sind besonders zwei Tendenzen zu beobachten:

## 1. Die Ängste der Menschen hierzulande werden immer stärker

Die Studie wurde bereits zum 25. Mal durchgeführt und noch nie waren die Werte so hoch wie heute. In allen Bundesländern nehmen die Ängste der Menschen zu. Hessen liegt mit zurzeit 59 Prozent an der Spitze, dicht gefolgt von Sachsen-Anhalt mit 55 Prozent. In Berlin haben die Menschen mit 40 Prozent am wenigsten Angst. Vielleicht liegt die generelle Gelassenheit der Berliner darin begründet, dass Zuwanderung und Integration dort schon lange Themen sind, mit denen man sich vonseiten der Politik und besonders vonseiten der Bevölkerung beschäftigt. Kein Ort in Deutschland ist multikultureller, keiner vielseitiger, und zumindest aktuell bewegt sich auch keiner im selben Tempo, in dem sich die Hauptstadt dreht. Die Berliner sind es also gewohnt, dass sich permanent etwas verändert, dass man in den Straßen einiger Stadtteile mehr Fremdsprachen als Deutsch hört und dass viele sich eher von Touristen als von Zuwanderern gestört fühlen.

## 2. Die Menschen in Ost und West haben dieselben Ängste

Eine Erkenntnis der Studie hat uns ziemlich überrascht: Die Top 6 der Ängste der Deutschen sind im Osten dieselben wie im Westen. Angeführt wird die Liste von der Angst vor Terrorismus. In ganz Deutschland fürchten sich 73 Prozent davor. Nahe dran liegt die Angst vor politischem Extremismus (68 Prozent) und vor Spannungen durch den Zuzug von Ausländern (67 Prozent). Weiterhin spielen die Überforderung von Behörden und Bürgern durch Asylbewerber (66 Prozent) und die Überforderung von Politikern (65 Prozent) eine große Rolle. Die Menschen sind aber auch über die Kosten, die durch die EU-Schuldenkrise verursacht werden (65 Prozent), beunruhigt. Die Angst vor Naturkatastrophen, die in der Studie aus dem Jahr 2015 noch ganz an der Spitze stand, ist 2016 nicht einmal mehr in den Top 7 zu finden, die deutschlandweit zusammengefasst wurden.

**KURZ GEFASST: DIE ÄNGSTE DER DEUTSCHEN**

Noch nie hatten die Deutschen so viele Ängste wie zurzeit. Diese Ängste verändern sich – abhängig von aktuellen Ereignissen. Momentan ist besonders die Angst vor Terrorismus sehr hoch. Dahingegen hat sich die Angst vor Naturkatastrophen, die in der Vorjahresstudie noch ganz oben stand, beinahe in Luft aufgelöst.

# German Angst – die geerbte Angst

Aufgrund der aktuellen Studie könnte man das, was man uns Deutschen bereits seit längerer Zeit nachsagt, bestätigt sehen. Viele denken, wir seien ein Volk der Angsthasen: Für uns hat man international sogar den Begriff »German Angst« kreiert, der eine unbegründete Angst oder Besorgtheit – besonders vor dem Verlust des eigenen Lebensstandards – ausdrücken soll.

Aber was genau steckt hinter der German Angst? Wir Deutschen gelten als zögerlich, weil wir die Konsequenzen unseres Handels fürchten. Angeblich liegt die typisch deutsche Zögerlichkeit darin begründet, dass wir Angst davor hätten, unseren Lebensstandard zu verlieren. Deshalb würden wir uns auch nichts trauen. Kurzum: Man macht sich gerne ein bisschen lustig über unser »zitterndes« Volk, das in den Augen vieler doch eher im »Paradies« lebt, also von allem genug hat und sich im Grunde nicht beschweren kann. Zumindest gilt das für die meisten Deutschen. Unser Lebensstandard ist hoch und die Arbeitslosigkeit gering. Tatsächlich haben wir laut der Bundesagentur für Arbeit im Oktober 2017 mit 3,6 Prozent eine ziemlich niedrige Arbeitslosenquote.[7] Im Vergleich: Die Arbeitslosenquote in Spanien lag durchschnittlich bei 16,7 Prozent und der EU-Schnitt belief sich auf 7,4 Prozent.[8] Außerdem stieg unser Wirtschaftswachstum 2016 – gemessen am Bruttoinlandsprodukt (BIP) und entgegen den Erwartungen – wieder um starke 1,9 Prozent.[9] 2015 lag es bereits 1,7 Prozent höher als im Vorjahr. Ist die German Angst also eine Tatsache? Machen wir uns wirklich grundlos Sorgen um unser Hab und Gut?

**Das Volk der Angsthasen?!**

Sehen wir es zunächst einmal positiv: Wer Angst um seinen Wohlstand und seinen Besitz hat, der hat etwas zu verlieren. Wer nichts hat, braucht sich auch keine Sorgen zu machen. Das heißt aber noch lange nicht, dass die German Angst berechtigt ist. Schauen wir doch in eine Zeit zurück, in der sie besonders stark ausgeprägt war. Als Mitte der 1950er-Jahre Gastarbeiter nach Deutschland kamen, war die Feindseligkeit groß und ebenso die Angst, dass sie den Deutschen die Arbeitsplätze wegnehmen könnten und sich ihre Kultur mit unserer vermischen würde. Tatsächlich haben die Gastarbeiter jedoch zum deutschen Wirtschaftswunder beigetragen und wir haben alle profitiert.

Blicken wir einmal kurz auf unsere persönlichen Erinnerungen:

Wir haben beide ähnliche Erfahrungen mit der, nennen wir sie mal »Ängstlichkeit« gemacht. Wir beide sind auf dem Land groß geworden, in Regionen in Süddeutschland, die stark für Traditionsbewusstsein stehen. Beide sind wir schon im Alter von ungefähr 20 in die Großstadt »geflüchtet«. Beide mussten wir Sätze wie »Hast du dir das gut überlegt?« und »Was da alles passieren kann!« von vielen Seiten hören – sei es von der eigenen Verwandtschaft oder auch von Freunden und Bekannten. Die meisten hielten uns für Spinner, die sowieso bald wieder in den Schoß des Bekannten zurückkehren würden. Außerdem war die Sorge darum, welchen Gefahren und Risiken wir in der Großstadt ausgesetzt wären, viel größer und wurde häufiger kommuniziert als die Freude darüber, dass wir uns dazu entschieden hatten, einen neuen Weg zu gehen. Solche Aussagen können einen ganz schön blockieren, wenn man selbst auch noch ein bisschen unsicher ist. Doch der jugendliche Tatendrang und der Wunsch nach Veränderung und dem Ausbruch aus alten Zwängen hat überwogen. Wir haben diese Entscheidung beide nicht bereut.

## Wir sind nicht alleine

Wenn wir genauer hinschauen, sind wir nicht das einzige Volk, das von Ängsten geplagt wird. Die Medien sprechen inzwischen auch von der »British Angst«. Lange nicht alle Briten sind so optimistisch wie ihr Außenminister Boris Johnson, der überzeugt ist: »Britain has a fantastic future ahead of it!«[10] Auf Deutsch: »Großbritannien hat eine fantastische Zukunft vor sich!« Beispielsweise haben sich die Schotten mehrheitlich gegen das Verlassen der EU ausgesprochen. Zudem pfiffen und sangen

**44**   Angst: Der Kein-Grund-zur-Panik-Teil

die Parlamentarier der schottischen SNP-Partei die europäische Hymne, während im Februar 2017 in Sachen Brexit im britischen Unterhaus abgestimmt wurde. Da ist ordentlich was los, wenn die Briten tagen. Wir können uns nicht einmal an EINE ähnliche Aktion aus dem deutschen Bundestag erinnern, wenn die Parlamentarier sich uneinig waren.

Gerade die jüngere Generation in Großbritannien und Menschen, die grenzübergreifend arbeiten, stehen wegen des Brexits noch unter Schock. Von den großen Wirtschaftsunternehmen, die auf den gegenseitigen Handel angewiesen sind, **Der Schock sitzt tief!** wollen wir gar nicht erst anfangen. In unserem Umfeld sind es besonders Musiker und weitere Leute aus der Kreativbranche, bei denen eine Abkehr Großbritanniens von Europa Panik und Unverständnis auslöst. Eine befreundete britische Musikerin schrieb uns:»In einem Land zu leben, dass die Errungenschaften, die wir uns über die letzten Jahrzehnte hinweg aufgebaut haben, einfach wegwirft, ist schlichtweg frustrierend. Ich überlege, ob ich nicht lieber nach Berlin ziehen soll, falls das in ein paar Jahren überhaupt noch möglich ist.« Auch viele deutsche Freunde, die in Großbritannien leben, möchten lieber heute als morgen zurück nach Deutschland. Einige sind sogar bereits zurückgekehrt.

»Die Zeit« überschrieb einen Artikel im November 2016 mit »American Angst« und der Autor Bernd Ulrich sagt:»Wer in diesen Monaten in den USA mit gewöhnlichen Menschen spricht, der trifft nicht nur auf Wut und Feindschaft, der findet nicht nur eine gespaltene Gesellschaft vor, viel beunruhigender sind die Gemeinsamkeiten. Ob Trump-Wähler, Sanders-Fans oder Clinton-Unterstützer – außerhalb der Wahlkampfveranstaltungen sind sie überwiegend zerknirscht, verzagt, ängstlich.«[11]

Kurz bevor dieses Kapitel verfasst wurde, sitzt Mona mit amerikanischen Freunden im Prospect Park in Brooklyn. Diskutiert wird, wie zurzeit überall in der Stadt, über »45«, den 45. amerikanischen Präsidenten. Mona erlebt hier eine übermächtige Angst vor Donald Trump, der seit Januar 2017 im Amt ist. Jeder, der sich zu Wort meldet, um über eine Skurrilität des Präsidenten zu sprechen, entschuldigt sich zunächst einmal dafür, dass Amerika ihn gewählt hat. Ein eingewanderter Amerikaner, der ursprünglich aus Mexiko stammt, nimmt Monas Hand und sagt: »Bitte richte Angela [Merkel – Anmerkung der Autoren] schöne Grüße aus. Ihr habt so ein Glück mit ihr! Ich würde lieber bei euch in Deutschland leben.«

Die 45-jährige Amerikanerin Anna, deren Eltern beide aus China eingewandert sind, geht noch weiter: »Ihr wisst gar nicht, wie gut es euch in Europa geht. Ihr habt alle eine Krankenversicherung und könnt gut leben, wenn ihr einen Job habt. Wir brauchen in New York mindestens zwei, wenn wir – nachdem wir die laufenden Kosten gedeckt haben – auch noch ein bisschen sparen wollen.«

Die 39-jährige Irma aus Ohio erzählt, wie sie permanent mit ihren Eltern darüber streitet, dass diese Trump gewählt haben. Ein bisschen versteht sie deren Ängste aber auch. Ohio sei nicht New York und viele hätten dort wenig Weitblick. Die Bevölkerung des armen Staates sorge sich um ihr Auskommen. Ein Grund, warum Donald Trump gewählt wurde.

Die 46-jährige Andrea aus Michigan meint: »45 hat versprochen, sich um die Sorgen in den ärmeren Regionen des Landes zu kümmern. Wenn ich mir meine Freunde ansehe, die nach der Schule in Michigan geblieben sind, blicke ich in die ängstlichen Augen von Menschen, die nicht mehr wissen, wem sie vertrauen sollen. Viele glauben, dass alle Politiker korrupt sind, und wollen Trump eine Chance geben, es besser zu machen.« Die meisten seien noch nicht einmal über die Staatsgrenze hinausgekommen und falls doch, war das eine Reise ins angrenzende Kanada.

## KURZ GEFASST: GERMAN ANGST – DIE GEERBTE ANGST

Wir Deutschen sind nicht die Einzigen, die sich Sorgen um ihre Zukunft machen. In vielen Winkeln der Ersten Welt haben die Menschen Angst vor den Veränderungen, denen wir ausgesetzt sind – aufgrund von Terror, Naturkatastrophen, Armut oder Zuwanderung und einigem mehr.

# Das 21. Jahrhundert: Jahre der Angst?

Wenn wir uns an die 1990er-Jahre zurückerinnern, erscheint es uns so, als ob die Möglichkeiten schier unbegrenzt waren. Vielleicht lag das daran, dass wir beide in dieser Zeit den Sprung vom Teenager ins Erwachsenendasein gemacht haben? Vielleicht lag es an den plötzlich offenen Grenzen und an der Wiedervereinigung? Vielleicht aber auch an dem unglaublichen technischen Fortschritt, der in unseren Alltag Einzug hielt? Ab Mitte des Jahrzehnts wurden Handys plötzlich populär und man kommunizierte außerdem über SMS. Das World Wide Web eröffnete neue Wege, seit 1994 gibt es Amazon, und 1995 wurde eBay gegründet. Und das war noch lange nicht alles. Wir erlebten die 1990er-Jahre als ein Jahrzehnt der Möglichkeiten.

Wenn man genauer hinsieht, war natürlich auch diese Dekade nicht ganz ohne. Zwar zog in die Sowjetunion »Glasnost« ein und Ende 1991 war die UdSSR offiziell Geschichte und der »Kalte Krieg« buchstäblich auf Eis gelegt. Allerdings wurde auf dem Balkan gekämpft, der Irak marschierte in Kuwait ein und der afrikanische Kontinent wurde von Bürgerkriegen (Republik Kongo, Senegal, Simbabwe und Burundi) und Grenzstreitigkeiten (Äthiopien versus Eritrea und Mali versus Burkina Faso) heimgesucht. Schon damals flüchteten Hunderttausende Menschen vor diesen lebensbedrohenden Situationen; schon damals riefen viele laut: »Asylmissbrauch!« Mehrere Wohnheime wurden angegriffen und brannten. Zahlreiche Todesopfer waren zu beklagen. Trotzdem erinnern wir uns an eine allgemeine Aufbruchstimmung, die stets von vielen neuen Möglichkeiten geprägt war.

Heute scheint es, als ob statt der Möglichkeiten nur noch Hindernisse im Fokus stünden. Allen voran leiden wir unter Verfolgungswahn und der Panik, einmal nicht erreichbar zu sein und somit etwas Essenzielles zu verpassen: Die 16-jährige Tochter einer Bekannten rastete neulich völlig aus. Sie ging fluchend und mit Tränen in den Augen auf und ab, weil sie in der U-Bahn schon seit 20 Minu-

**Wo ist die Aufbruchstimmung geblieben?**

ten keinen Handyempfang mehr hatte und vermutlich noch mindestens 20 weitere Minuten mit schlechtem Empfang zu kämpfen hatte. Im Urlaub im Ausland war die Kommunikation mit ihren Freunden über Snapchat unterbrochen, weil das Datenroaming auf ihrem Handy gesperrt war. Natürlich konnte sie auch keinem über WhatsApp oder Facebook Messenger Bescheid sagen. Sie war völlig panisch und es dauerte einige Zeit, bis sie sich wieder beruhigt hatte.

Derart dramatische Auswirkungen haben Funklöcher sicherlich nicht auf jeden. Aber selbst wir, die beide noch Zeiten ohne Handy und Computer erlebt haben, ertappen uns immer wieder dabei, dass wir unruhig werden, wenn wir für eine Stunde **Wir sehen nur noch** keine E-Mails checken können. Oder wir ärgern uns **Hindernisse!** maßlos darüber, dass die Strecken der Deutschen Bahn so häufig von Funklöchern heimgesucht werden. Ein wichtiger Kunde könnte sich ja in dieser Zeit melden, bedeutende Nachrichten könnten unbemerkt an uns vorbeiziehen oder eine versprochene E-Mail könnte nicht gesendet werden. Es hat uns schon Stunden der Aufregung gekostet, weil wir uns immer wieder dadurch aus der Ruhe bringen lassen.

Im Englischen gibt es das schöne Sprichwort: »It is what it is!« Zu Deutsch: »Da kann man nichts machen!« Das trifft es ziemlich genau. Solche Situationen können passieren und es liegt nicht in unserer Macht, etwas dagegen zu tun. Hand aufs Herz – etwas wirklich Schlimmes ist noch keinem von uns beiden wegen eines Funklochs widerfahren. Ihnen etwa?

All diese Beispiele stärken unseren Verdacht, dass die Entwicklungen in und seit den 1990er-Jahren nicht unschuldig daran sind, dass wir immer mehr mit Ängsten zu kämpfen haben. Besonders die Geschwindigkeit, die sie mit sich brachten, hat die 2000er zu den Jahren der Angst und Panik gemacht. Die sogenannten Megatrends haben unser Leben nachhaltig verändert – und das nicht nur zum Besseren.

Aber was genau ist eigentlich ein »Megatrend«? Unter dem Begriff versteht man Entwicklungen, die eine Gesellschaft und Wirtschaft oft

**48**  Angst: Der Kein-Grund-zur-Panik-Teil

langfristig prägen. Die rasante technische Weiterentwicklung – inklusive Digitalisierung – haben wir ja bereits angesprochen. Es gibt jedoch zahlreiche weitere Megatrends – beispielsweise Globalisierung, demografischer Wandel, Gender Shift, die große Zahl von Menschen auf der Flucht, Urbanisierung und noch viele mehr.

Besonders spannend finden wir, dass diese Megatrends häufig krasse Gegentrends auslösen. Betrachten wir zum Beispiel die Globalisierung einmal näher. Ihr stehen eine Individualisierung der einzelnen Menschen gegenüber und der Wunsch, **Trends führen zu** aus der Masse herauszustechen. Wir wollen und ha- **Gegentrends.** ben mehr Freiheiten zur persönlichen Entfaltung, werden dabei aber auf Schritt und Tritt begleitet. Unser Handy ist überall zu orten und wir hinterlassen auf jeder Seite, die wir im Internet öffnen, Spuren. Einige behaupten, dass ihre »Überwachung« bereits so weit fortgeschritten sei, dass sie, kurz nachdem sie in der heimischen Küche über ein Thema gesprochen haben, auf einer Social-Media-Plattform die genau dazu passende Werbung in ihrer Timeline gefunden haben. Zufall? Vielleicht ja, wahrscheinlich aber nicht!

Wir hinterlassen allerdings auch ohne das Gefühl der totalen Überwachung viele Spuren im Netz – und das auch noch freiwillig. In unseren Freundeskreisen gibt es zum Beispiel nicht einmal mehr eine Handvoll Leute, die keine Social-Media-Kanäle verwenden und noch nicht einmal WhatsApp oder ähnliche Dienste zur Kommunikation nutzen. Bereitwillig speichern wir detaillierte Informationen über unser Berufs- und Privatleben mal mehr, mal weniger öffentlich ab.

Unsere These lautet: Die Megatrends seit den 1990er-Jahren und besonders die Geschwindigkeit, mit der sie über uns hereinbrechen, haben zu den »Jahren der Angst« beigetragen. Das möchten wir noch einmal untermauern. Dazu werfen wir einen Blick auf die Auswirkungen, die das Internet mit all seinen Features auf uns hat. Herrschte in den 1990ern zum Beispiel ein Konkurrenzdruck, der rein regionaler Natur war und allein im Angebot begründet lag, sind wir heute im Zeitalter der Bewertungen und der Vergleichbarkeit angekommen. Jeder kann im Internet eine Leistung auf allen nur erdenklichen Gebieten und über Unmengen von Kanälen bewerten und kommentieren – das geht sogar global! Zudem kann jeder eine Buchkritik verfassen, jeder einen Arzt benoten, jeder ein Produkt rezensieren. Auf der einen Seite macht uns das die Orientierung im Dienstleistungs- und Produktdschungel leichter. Auf der anderen Seite setzt uns das noch mehr unter Leistungsdruck, der ohnehin schon groß genug ist. Auf der Strecke bleiben Gelassenheit und Entspannung.

Wenn wir uns ansehen, wie wütend und aggressiv manche Kommentare zum Beispiel unter scheinbar harmlose Facebook-Postings gesetzt werden, wird uns ganz schlecht. Der Druck, der von allen **Hier entlädt sich** Seiten aufgebaut wird, scheint sich hier zu entladen. **der Druck!** Die angenommene größere Anonymität öffnet Tür und Tor für alle negativen Seiten, die Angst und Panik mit sich bringen. Es wird gehetzt, geschimpft und all dem freien Lauf gelassen, was man sich im Face-to-Face-Gespräch nicht zu sagen traut.

Ein Erklärungsversuch: Eventuell sind die Entwicklungen, die sich so schnell und auf so vielen Gebieten gleichzeitig ergeben haben, einfach zu gravierend und zu rasend vonstattengegangen. Wir spüren an jeder Ecke Überforderung und den Wunsch, sich nicht noch auf weitere Veränderungen einstellen zu müssen. Doch schon Heraklit von Ephesos wusste rund 500 Jahre v. Chr.: »Nichts ist so beständig wie der Wandel!«

## KURZ GEFASST: DAS 21. JAHRHUNDERT: JAHRE DER ANGST?

Technischer Fortschritt und Digitalisierung, Globalisierung, demografischer Wandel, Gender Shift, die große Zahl von Menschen auf der Flucht, Urbanisierung und noch viele mehr: Diese Veränderungen haben die 2000er und die 2010er bisher zu den Jahren der Angst und Panik gemacht. Doch wir können den Wandel nicht aufhalten. Aber wir können unseren Umgang damit beeinflussen. Oft überfordern uns Veränderungen und wir reagieren mit Angst und Panik. Umso wichtiger ist es, dass wir uns auch in der Veränderung eine Orientierung schaffen und flexibel im Kopf bleiben.

50    Angst: Der Kein-Grund-zur-Panik-Teil

# Die Generation Angst: Sind die Alten schuld?

Ein weiterer Megatrend, den wir gerne gesondert betrachten möchten, weil er im Zusammenhang mit Angst eine große Rolle spielt, ist der demografische Wandel. Schon ziemlich lange ist klar: Deutschland wird immer älter. Das liegt zum einen daran, dass die Medizin riesige Fortschritte gemacht hat und unsere Lebenserwartung damit kontinuierlich steigt. Zum anderen ist die körperliche Belastung, die wir bei der Arbeit und im Alltag erfahren, durch Maschinen und viele digitale Hilfsmittel zurückgegangen.

Nicht direkt dem demografischen Wandel zuzuordnen, aber ein Einstellungswandel, der sich über die letzten Generationen vollzogen hat und dazu beiträgt, dass wir durchschnittlich älter werden, ist die Entstigmatisierung des Gangs zum »Psycho-Helfer«. War ein Besuch beim Psychologen früher mit klar negativen Begriffen wie »verrückt« oder »irre« gleichzusetzen, gehört das heute schon fast zum guten Ton und wird nicht mehr als »peinlich« oder »völlig unnötig« abgetan. Wir beschäftigen uns also auch mit unseren psychischen Themen und der Mensch wird zunehmend ganzheitlich betrachtet.

**Demografischer Wandel als Megatrend.**

Eine Konsequenz aus dem gerne mal »Überalterung der Gesellschaft« genannten Phänomen ist, dass die Jüngeren scheinbar nichts mehr bewegen oder klar verändern können, auch wenn sie sich noch so sehr engagieren. Wir erinnern uns gut an den Tatendrang, der uns in den Teenager-Jahren oder auch in unseren Zwanzigern trieb. Auch heute noch als »Forty-Somethings« stecken wir zwar voller Energie, doch der Alltag mit Job und Familie fordert seinen Tribut. Egal, wie sehr wir beides schätzen und genießen, wir benötigen viel Zeit dafür. Um alles unter einen Hut zu bekommen, sind wir dankbar für Gewohnheiten, die uns durch den Alltag navigieren. Mit ihrer Hilfe umgehen wir unsere permanente Überforderung.

Gewohnheiten unterstützen uns dabei, unser Gehirn in einen Autopilot-Modus zu schalten und damit Energie zu sparen. Und genau dieses Energiesparen macht uns mit zunehmendem Alter unbeweglicher und veränderungsunwilliger. Aktionismus und der Drang, die Welt zu verändern, stehen nicht mehr ganz oben auf unserer Prioritätenliste. Unser Unterbewusstsein spult das Sparprogramm ab. Die Folge: Um wieder flexibler im Kopf zu werden und aus Gewohnheiten auszubrechen, ist ein enorm hoher Energieaufwand nötig. Alte Muster müssen aufgebrochen und mit neuen Programmen überschrieben werden. Klar, dass viele dazu keine Lust haben, mit dem Älterwerden häufig eine gewisse Veränderungsunwilligkeit einsetzt und Kommentare wie »Früher war alles besser!« zunehmen.

De facto bedeutet das aber auch, dass die Älteren den Jüngeren vorschreiben, wie sie zu leben haben. Ältere Menschen machen den Löwenanteil der Wählerstimmen aus. Natürlich entscheiden sie so, wie sie es für richtig halten. Und das tun sie unabhängig davon, wie lange sie und die nachfolgenden Generationen mit der Wahlentscheidung noch zu leben haben!

Wie Schauspielerin und Kabarettistin Maren Kroymann in ihrem Titel »Wir sind die Alten« es so treffend sagt: »Ihr träumt vom grenzenlosen Europa. Doch der Brexit geht auf das Konto von Oma und Opa.« Mehr dazu gibt es unter:

https://www.youtube.com/watch?v=-vQNTU7Dv2g&t=116s

Nicht der einzige ziemlich schlaue Satz in diesem Song. Und recht hat sie damit auch noch. 49 Prozent der Briten zwischen 50 und 64 wollten die EU verlassen, ebenso wie 58 Prozent der über 65-Jährigen. Von den 18- bis 24-Jährigen wollten 76 Prozent, dass Großbritannien ein Teil der EU bleibt. Der Konflikt zwischen Jung und Alt, zwischen dem Wunsch nach Bewegung und dem nach Wahrung der Tradition war hier deutlich spürbar. Vermutlich haben die Jüngeren mehr von den Vorteilen der EU profitiert. Denn die oft etwas dröge und bürokratisch wirkende Verwaltung ermöglicht es im Gegenzug, unkompliziert im europäischen Ausland zu studieren. Somit schafft sie einen multikulturell versierten Bildungsnachwuchs, der mehrere Sprachen spricht, Unterschiede kennenlernt und auch zu schätzen weiß.

**Der Brexit geht auf das Konto von Oma und Opa!**

Bei unserer Recherche haben wir Kommentare gelesen wie den des Comedians Adam Newman:

> *»I'm so angry. A generation given everything: Free education, golden pensions, social mobility have voted to strip my generation's future.«*[12]

Frei übersetzt: *»Ich bin stinksauer. Eine Generation, der man alles gegeben hat, kostenlose Bildung, goldene Pensionen, soziale Mobilität, hat dafür abgestimmt, dass meine Generation auf Privilegien verzichten muss.«*

Der Frust vieler junger Europäer scheint sehr groß zu sein. Sie haben unter anderem von grenzübergreifenden Geschäften und Reisefreiheit profitiert. Die Verunsicherung unter ihnen steigt an, weil keiner genau weiß und definieren kann, was Brexit im Alltag bedeutet. Eine deutsche Freundin, die seit über 15 Jahren in London lebt, rief neulich an und sagte: »Ich halte es hier nicht mehr aus. Ich will zurück nach Hause!«

An dieser Stelle möchten wir noch einmal auf die, wie wir finden, geniale Maren Kroymann zurückkommen. Sie beschäftigt sich in ihrer Satiresendung »Kroymann« mit vielem, was in unserer Gesellschaft schiefläuft. Nicht nur der Brexit spielt in ihrem vielgeklickten Video zum Song »Wir sind die Alten!« eine große Rolle. Die übrigens selbst bereits 68-Jährige zeigt auf wunderbare Weise, dass »die Welt den Rentnern gehört«. Ganz so weit würden wir vielleicht nicht gehen wollen. Fakt ist aber, dass auch in Deutschland lediglich 9,4 Millionen Menschen unter 30 Jahren bei der Bundestagswahl 2017 wahlberechtigt waren. Das entsprach nur 15,4 Prozent derjenigen, die im September 2017 ihr Kreuzchen machen durften. Insgesamt sind 56 Prozent aller potenziellen Wähler bereits über 50 Jahre alt. Der Anteil derjenigen, die statistisch gesehen noch am meisten Zukunft vor sich haben, lag also noch nicht einmal bei einem Fünftel der 61,5 Millionen Wahlberechtigten.

**Die Welt gehört den Rentnern!**

Und die sogenannten »Alten« wählen eher traditionsbewusst: »Da weiß man, was man hat!« Verständlicherweise überfordern die rasanten Veränderungen in allen Lebensbereichen viele ältere Menschen. Selbst wir »Mittelalten« können es manchmal nicht fassen, in welchem Tempo unsere Welt sich dreht. Wir erinnern uns noch gut an Sätze unserer Großeltern wie »Das macht man doch nicht!« oder »Das hätte es früher nicht gegeben!«. Damit wurde fast jede Diskussion, die Neues beziehungsweise eine Abweichung von der bekannten Norm beinhaltete, bereits im Keim erstickt.

Ein weiteres Merkmal, das wir häufig bei älteren Menschen beobachten, ist der Hang zur Übervorsichtigkeit. »Was da alles passieren kann!« und »Hast du dir das auch wirklich ganz genau überlegt?« gehören zum Standardrepertoire, wenn den Jüngeren mal wieder etwas ausgeredet werden soll, was die Älteren für »unsinnig« oder »bedenklich« halten. Dabei ist es auch egal, ob diese Jüngeren Teenager sind oder bereits deutlich älter. Die Oma einer Freundin gab dem bereits über 60-jährigen Vater noch regelmäßig Tipps, in welchem Tempo er am besten nach Hause fahren, welchen Weg er nehmen und was er dann später noch essen sollte. Ihre Informationen bezog sie gerne mal aus dem TV. Deshalb fingen ihre Anweisungen auch häufig mit den folgenden Worten an: »Im Fernsehen haben sie gesagt, dass …«

**54** Angst: Der Kein-Grund-zur-Panik-Teil

Mona hatte vor vielen Jahren eine große Auseinandersetzung mit ihren Eltern. Damals war sie bereits über 30 Jahre alt und wollte sich mit einer PR-Agentur selbstständig machen. Zum einen, weil die Chefin der Firma, in der sie zuvor als Kommunikationsmanagerin angestellt war, von heute auf morgen mit dem Geld des Unternehmens verschwunden war. Zum anderen, weil sie auf keinen Fall mehr von einem Chef abhängig sein wollte. Wenn etwas schiefging, dann wollte sie selbst dafür verantwortlich sein. Bei einem Gespräch unterm Weihnachtsbaum, in dem die besorgten Eltern immer wieder auf die Gefahren der freiberuflichen Tätigkeit hinwiesen, platzte ihr dann der Kragen. Die Risiken kannte sie natürlich alle. Aber damit permanent konfrontiert zu werden, war nicht besonders hilfreich. Aus der folgenden längeren Diskussion ging sie mit gestärktem Selbstbewusstsein hervor und von nun an würde sie sich auf die Chancen und nicht mehr die Risiken fokussieren. Ihre Eltern, die sich immer noch in der Verantwortung sahen, bemerkten, dass sie die erwachsene Tochter ihren eigenen Weg gehen lassen mussten. Und Mona stellte fest, dass sie mehr als bereit war, die Verantwortung für ihre Entscheidung ganz alleine und unabhängig von den Bedenken anderer zu tragen.

**Der Hang zur Übervorsichtigkeit.**

## KURZ GEFASST: DIE GENERATION ANGST: SIND DIE ALTEN SCHULD?

Unsere Gesellschaft neigt dazu, den Fokus auf das Negative zu legen und bei Veränderungen eher die Risiken als die Chancen zu sehen. Wer sich aber auf Gefahren und Stolpersteine konzentriert, der schickt seine Energie in Richtung Misserfolg und Stillstand. Wir haben bei der Generation unserer Eltern und Großeltern bereits solche Tendenzen entdeckt. Aber auch bei uns und Gleichaltrigen bemerken wir immer öfter, wie sehr wir ein Scheitern – besonders das unserer Kinder, Nichten und Neffen – verhindern wollen. Wenn wir uns aber zu sehr darauf konzentrieren, die nachwachsende Generation vor Fehlern und dem Scheitern zu bewahren, machen wir aus den Jüngeren eine »Generation Angst«.

# Wann haben wir Menschen Angst?

## Wenn wir nicht genügend Aufmerksamkeit bekommen

Kennen Sie das Gefühl: Sie sitzen an einem Tisch mit mehreren Leuten und unterhalten sich – oder sagen wir besser, die anderen unterhalten sich. Wann immer Sie etwas zum Thema beisteuern möchten, ist jemand anderes schneller. Man scheint Sie gar nicht wahrzunehmen. Langsam, aber sicher steigt in Ihnen Frust hoch. Wenn sich die Situation länger hinzieht oder wenn das öfter passiert, würden Sie am liebsten schreien: »HAAALLOOO!! Hört mich denn keiner!?«

Spätestens dann, wenn Sie einmal mit einem frisch verliebten Pärchen ausgegangen sind, haben Sie eine solche Situation schon erlebt. Was passiert als Nächstes? Wir fühlen uns unwichtig und einsam. Gedanken wie »Keiner interessiert sich für mich!« oder »Meine Meinung ist nicht wichtig genug!« bis hin zu »Ich bin nicht gut genug, um wahrgenommen zu werden!« oder »Ich werde für immer alleine bleiben!« sind durchaus keine Seltenheit. Unser soziales »Wir-Bedürfnis« bleibt unerfüllt und wir fürchten uns davor, dass sich das nicht mehr ändert.

## Wenn wir alleine sind

In Gesellschaft zu sein, vermittelt uns Sicherheit; alleine zu sein, kann zum krassen Gegenteil führen – und das sogar unabhängig von unserem Status. In der Serie »Sex and the City« gibt es eine Szene, die hier sehr schön als Beispiel dienen kann:

Samantha Jones, fantastisch dargestellt von Kim Cattrall, leitet sehr erfolgreich eine PR-Agentur. Sie besitzt eine Wohnung im hippen Meatpacking District und leidet auch sonst keinen Mangel. Im Privatleben hält sie sich – außer mit ihren drei Freundinnen – nicht lange mit Menschen auf. Beziehungen sind ihr eher zuwider und auf einen Mann lässt sie sich dauerhaft sowieso nicht ein. Diese Einstellung wird ihr erst in Staffel 3 in der Folge »All or Nothing« zum Verhängnis, als sie plötzlich mit Grippe das Bett hüten muss. Sie ruft einen Mann nach dem anderen aus ihrem Telefonbuch an. Aber keiner hat Zeit oder Lust, sich um sie zu kümmern. Als ihre Freundin Carrie ihr später zu Hilfe eilt, ist die selbstbewusste Frau bereits zu einem Häufchen Elend geworden. Sinngemäß sagt Samantha Sätze wie »Ich hätte heiraten sollen!« oder »Es ist egal, wie viel du besitzt, wenn du keinen Mann hast, der sich um dich kümmert, hast du gar nichts!«.

Obwohl Samantha – oberflächlich betrachtet – alles in ihrem Leben erreicht hat, fühlt sie sich plötzlich nur noch einsam und alleine. Das macht ihr Angst.

## Wenn wir im Dunkeln tappen

Im Dunkeln ist alles anders. Für viele fühlt sich das auch im Erwachsenenalter noch seltsam an und macht Angst. Unser Sehsinn ist ausgeschaltet, dafür funktionieren das Gehör und der Tastsinn viel ausgeprägter. Fällt im Dunkeln etwas auf den Fußboden, ist das scheinbar lauter als im Hellen. Auch ertastete Oberflächen können häufig nicht sofort zugeordnet werden. Wir erleben die Welt, als wären wir blind. Für Kinder ist das oft verstörender als für Erwachsene, die viele Situationen schon häufig auch im Dunkeln erlebt haben.

Doch wer die Welt neu entdeckt, ist schnell überfordert und überwältigt. Eine interessante Erfahrung – nicht nur für Kinder – ist der »Dialog im Dunkeln«, den es inzwischen weltweit in einigen Städten gibt. Hier kann man sich in sicherem Umfeld seinen Ängsten in völliger Dunkelheit stellen und wird dabei von Blinden geführt.

**Wir sind schnell überfordert.**

Wann haben wir Menschen Angst?

## Wenn wir uns von Vorurteilen leiten lassen

(Ironie Anfang) Männer, die in einer fremden Sprache kommunizieren, sind grundsätzlich alle respektlos, wollen sich nicht eingliedern oder gar anpassen und spätestens seit den Belästigungsvorfällen auf der Domplatte in Köln sind sie alle potenzielle Vergewaltiger und Gewalttäter (Ironie Ende).

Wer schon einmal alleine nachts in der S-Bahn saß und erlebt hat, dass eine Gruppe »fremdländisch anmutender Männer« gemeinsam ins Abteil einsteigt, weiß, dass wir tatsächlich von den oben genannten Vorurteilen geprägt sind. Da kann unser Verstand noch so sehr darauf pochen, dass unsere Ängste unbegründet sind. Woran das liegt? Zum einen sicherlich daran, dass wir nicht verstehen, was die Fremden sagen. Das kann schon zu Verunsicherung führen. Zum anderen haben wir alle schon mindestens ein YouTube- oder ein Überwachungsvideo in den Nachrichten gesehen, das sogenannte fremdländisch aussehende Menschen zeigt, die uns »arme« Deutsche völlig grundlos und unverhofft überfallen.

## Wenn wir einen Fehler machen

Fehler haben einen ganz schlechten Ruf, obwohl sie eigentlich perfekt sind, um aus ihnen zu lernen. Wer keine Fehler macht, weiß auch nicht, wie er reagieren soll, wenn ihm dann doch plötzlich mal einer unterläuft. Oft versuchen wir, unsere Fehler **Eigentlich sind Fehler klasse!** zu verschweigen und zu vertuschen. Wir fühlen uns als Versager und wollen vor anderen nicht schlecht dastehen. Dabei ist der offene und konstruktive Umgang mit Fehlern das Beste, was wir tun können. Denn so übernehmen wir Verantwortung und schaffen Raum für neue Wege.

Fehler lassen uns kreativ werden und sorgen dafür, dass wir uns weiterentwickeln. Wichtig ist nur, darauf zu achten, dass uns nicht immer

Angst: Der Kein-Grund-zur-Panik-Teil

wieder dieselben Fehler unterlaufen. Außerdem gilt erneut der Grundsatz: Wer den Fokus darauf legt, keine Fehler zu machen, der neigt eher dazu, tatsächlich welche zu begehen.

## Wenn etwas passiert, was wir nicht kennen und nicht einschätzen können

Je älter wir werden, desto mehr gute, aber auch schlechte Erfahrungen haben wir gemacht. Wir lernen aus ihnen und können immer besser einschätzen, was geschieht, wenn wir in die gleichen oder in ähnliche Situationen kommen. Passiert etwas Unvorhergesehenes, was wir nicht kennen und deshalb auch schlecht einschätzen können, betreten wir neues Terrain. Das verunsichert uns. Angst entsteht, weil wir nicht wissen, was als Nächstes passieren wird, und wir bemerken, dass wir keine Kontrolle über die Lage haben.

## Wenn wir etwas nicht kontrollieren können

Wenn wir etwas nicht kontrollieren können, schwindet unser Einfluss auf das Geschehen und die Konsequenzen. Das kommt viel häufiger vor, als wir denken. Gehen wir auf die Straße, können wir zum Beispiel nicht kontrollieren, wie sich andere Verkehrsteilnehmer verhalten. Wer Kinder hat oder auch Haustiere, der weiß: Sie sind nie vollständig zu kontrollieren – egal, wie aufmerksam man ist und wie sehr man sich auch bemüht.

**Wir können nicht alle Gefahren abstellen.**

Wir werden nie alle Gefahren ausschließen können. Auch unsere Emotionen lassen sich nicht immer kontrollieren. Wenn wir zum Beispiel verliebt sind, sorgen chemische Reaktionen im Körper dafür, dass wir uns im Ausnahmezustand befinden. Das kann schon beängstigend sein. Haben Sie sich nach der ersten Verliebtheitsphase schon mal gefragt,

was Sie da eigentlich für komische Sachen gemacht haben oder was
Sie sich alles gefallen haben lassen? Uns ist so was noch NIE passiert,
auf keinen Fall. Und das würde es natürlich auch NIEMALS! Wir sind
Roboter.

## Wenn wir etwas »besitzen«, das wir nicht verlieren wollen

Menschen oder auch Dinge sind oft das scheinbar Wertvollste, was wir
besitzen. Hier fängt der Trugschluss bereits an. Andere können wir
nicht besitzen und auch jedes teuer bezahlte Statussymbol ist vergäng-
lich. Wenn wir nicht loslassen können, leben wir in ständiger Angst,
unser Gegenüber oder unsere Wertgegenstände zu verlieren.

### KURZ GEFASST: WANN HABEN WIR MENSCHEN ANGST?

Es gibt zahlreiche Situationen, in denen wir Menschen Angst haben.
Was sie alle gemeinsam haben, ist der Verlust von Kontrolle und Sicherheit. Wir können durch unser eigenes Handeln nichts mehr verändern.
Die Sache ist aus den Fugen geraten. Deshalb ist es so wichtig, jetzt einen klaren Kopf zu bewahren und nach vorne zu schauen. Kontrolle
und Sicherheit sind unserer Ansicht nach sowieso reine Illusion. Wir
kommen immer wieder in Situationen, die wir nicht beeinflussen können. Was wir aber immer tun können, ist handeln und lernen, mit der
Situation umzugehen, ohne permanent mit ihr zu hadern.

60    Angst: Der Kein-Grund-zur-Panik-Teil

# ÄNGSTE LOSWERDEN:
## Der Kill-dein-Kaninchen-Teil

# Ängste unter der Lupe

Im zweiten Teil dieses Buches wollen wir einzelne Ängste, die wir für besonders verbreitet halten, etwas genauer betrachten. Über persönlichen Geschichten, Storys aus den Medien und anhand von Erzählungen aus unserem familiären, beruflichen und persönlichen Umfeld möchten wir Ihnen diese Ängste näherbringen. Gleichzeitig wollen wir sie auf ihren rationalen und irrationalen Gehalt hin unter die Lupe nehmen. Zudem möchten wir Ihnen Lösungswege aufzeigen, die von uns persönlich erprobt oder von anderen in unserem Umfeld für gut und effektiv befunden wurden.

**Mit Humor und Selbstironie gegen Ängste!**

An dieser Stelle möchten wir noch einmal darauf hinweisen, dass wir keine psychologische oder medizinische Ausbildung haben. Wir können Sie nicht von Phobien und Angststörungen heilen. Dafür müssen Sie einen Experten aufsuchen. Unser Ziel ist es, dass Sie Ihre Ängste ein wenig genauer betrachten und in verschiedenen Fällen feststellen, wie irrational manche davon sind und wie leicht man sie loswerden kann.

Betrachten Sie uns als »Freunde« oder »Bekannte«, die dazu neigen, gefragt oder ungefragt ihren Senf zu allem zu geben. Den Rat können Sie dann befolgen oder auch nicht. Vergessen Sie bitte nicht, dass unsere Herangehensweise an die Themen eine humorvolle ist und dass wir versuchen, in allen Fällen erst einmal den gesunden Menschenverstand einzuschalten, bevor wir in Panik ausbrechen. Wir sind überzeugt, dass wir mit Humor und einer gesunden Portion Selbstironie viel weiter kommen als mit Ängsten, die wir uns selbst überstülpen oder die wir uns von anderen einflüstern lassen.

In diesem Sinne: Kill dein Kaninchen!

# Diese Ängste betrachten wir genauer

## 1. Angst vor Einsamkeit

Für viele steht die Angst vor Einsamkeit in der Rangliste noch vor der Angst vor Krankheit und Tod. Drei von vier Personen zwischen 40 und 55 Jahren, die bei der Studie »Ruhestand 2040« des SINUS-Instituts befragt wurden, gaben an, dass sie sich vor der Einsamkeit im Alter fürchten.[13]

Aber auch schon in jüngeren Jahren spielt die Angst vor Einsamkeit eine große Rolle. Sie können sich bestimmt noch an Ihre Pubertät erinnern, die so befremdlich war. Keiner hat einen in dieser Zeit wirklich verstanden und bereits die Tatsache, dass man nicht zu einer bestimmten Gruppe gehörte, konnte einem das Gefühl geben, man sei völlig alleine auf der Welt.

## 2. Angst vor Armut

Egal, wie viel Geld und Statussymbole wir besitzen: Viele Menschen haben selbst mit großem materiellem Reichtum noch das Gefühl, es würde nicht reichen, oder sie fürchten sich sehr davor, dass sie alles verlieren könnten.

Der regelmäßig vom Markt- und Sozialforschungsinstitut Ipsos in Zusammenarbeit mit Zukunftsforscher Horst W. Opaschowski ermittelte Wohlstandsindex zeigt, dass Ende 2016 jeder zweite Deutsche seinen subjektiv empfundenen Wohlstand als hoch eingestuft hat.[14] Immerhin noch ein Drittel sieht seinen Wohlstand auf mittlerem Niveau und nur 17 Prozent sehen ihn auf niedrigem Niveau. Dem entgegen steht eine Studie der Firma Deloitte von Juni 2017.[15] Sie besagt, dass 61 Prozent – also beinahe zwei Drittel – der deutschen Arbeitnehmer ihrem Altersruhestand mit Skepsis entgegensehen.

# 3. Angst vor Unbekanntem

»Was der Bauer nicht kennt ...« Dieses Sprichwort hat bestimmt schon jeder einmal gehört. Eigentlich geht es eher darauf zurück, dass die Landwirte früher nur das gegessen haben, was sie auch selbst erzeugt haben. Dennoch hat es bis heute seine Gültigkeit nie verloren. Wir stehen dem Unbekannten und den Unbekannten oft skeptisch gegenüber, auch wenn wir – ganz realistisch – gar nichts zu fürchten haben.

**Zum Glück gibt's die Neugier.**

Zum Glück gibt es aber auch noch eine gute Portion Neugier in uns. Sie sorgt dafür, dass wir uns immer wieder auf unbekanntes Terrain begeben, ohne gleich durchzudrehen. Wir sind sehr froh darüber, dass nicht alle Menschen andere Kulturen oder andere Lebensweisen von vornherein ablehnen. Wie langweilig wäre unser Alltag, wenn alles immer nur gleich laufen würde, wenn wir immer nur dieselben Dinge täten? Das ist aber tatsächlich die Realität für viele, die im sogenannten Hamsterrad feststecken.

# 4. Angst vor Veränderung

Veränderungen können einem das Leben wirklich schwermachen. Das gilt besonders dann, wenn wir sie nicht so richtig in unseren Lebensplan einkalkuliert hatten. Auf einmal heißt es: Ihr Partner hat einen so tollen neuen Job angeboten bekommen, dass Sie mit ihm in eine andere Stadt ziehen müssen. Natürlich ohne selbst bereits eine neue Stelle zu haben. Oder: Völlig unverhofft erfahren Sie, dass Sie Mutter oder Vater werden. So eine Nachricht kann, wenn sie unvorbereitet kommt, schon ganz schön beängstigend sein. Plötzlich müssen wir unser ganzes Leben umkrempeln.

Es kann fast alles passieren und wir sind – egal, wie gut organisiert und perfekt geplant wir durchs Leben gehen – nie gegen Veränderungen gefeit. Angst ist hier ein ganz schlechter Berater: Sie lähmt uns, lässt uns

Diese Ängste betrachten wir genauer

die neuen Situationen nicht annehmen und verhindert einen konstruktiven Umgang damit. Wir sind eingeschüchtert bis ins Mark und treten auf der Stelle.

## 5. Angst vor Verlust

Oft bekommen wir Ratschläge wie: »Mach dich mal locker!« Oder: »Lass doch einfach los!« Doch wenn wir etwas einmal besessen haben, wollen wir es nicht mehr verlieren – häufig um keinen Preis. Nur sehr selten gibt es Menschen, die beschließen, ihr ganzes Hab und Gut zu verkaufen oder zu verschenken, Brücken hinter sich abzubrechen und einfach mal loszuziehen, um Neues zu entdecken.

Das Thema Verlust spricht allerdings nicht nur materielle Seiten an. Viele haben zum Beispiel Angst davor, ihren Status in der Gesellschaft zu verlieren. Damit das nicht passiert, handeln sie aus Sicht der anderen oft auf unmögliche Art und Weise. Sie lügen, verstecken und verstellen sich permanent, um »gut genug« und anerkannt zu sein. Der Effekt ist immer derselbe: Dadurch setzen sie sich selbst unter Druck und verschwenden Energie. Das ist unglaublich anstrengend. Dabei leben wir alle in einem permanenten Statuswandel – je nachdem, in welcher Situation wir uns befinden und mit wem wir in Kontakt stehen. Das bedeutet:

Gegenüber einem Chef oder einer Autoritätsperson wie einem Arzt oder einem Polizisten befinden wir uns in der Regel in einem sogenannten Tiefstatus. Haben wir den Chef aber gerade mit der Sekretärin auf der Damentoilette beim Knutschen erwischt, stehen wir ihm gegenüber in diesem Moment in einem Hochstatus. Außerhalb der Arztpraxis, wenn Herr oder Frau Doktor zum Beispiel von uns eine Beratungsleistung in Anspruch nehmen möchten, in einem Feld, in dem wir uns besser auskennen, sind die »Rollen« vertauscht. Sind Sie mit einem Polizisten oder einer Polizistin befreundet und er oder sie beichtet Ihnen, gerne im Streifenwagen über rote Ampeln zu rasen …

Ihnen ist sicherlich klar, worauf wir mit diesen Beispielen hinauswollen: Unser Status ist permanent im Wandel und kann sich von einer Sekunde auf die andere verändern.

Stark ausgeprägt ist bei vielen die Verlustangst nicht nur im Hinblick auf den eigenen Status, sondern auch wenn es um andere Menschen geht. Das ist schon alleine deshalb sehr paradox, weil wir andere nicht besitzen können. Trotzdem führt diese Angst dazu, dass wir völlig durchdrehen und uns so verhalten, dass wir einen Partner oder Freund geradezu von uns wegtreiben. Wir hinterfragen Formulierungen, kontrollieren Aussagen und interpretieren in jeden Satz und jede Tat des Gegenübers etwas hinein, anstatt die gemeinsame Zeit zu genießen.

# 6. Angst vor dem Scheitern

Dass etwas schiefgeht, ist in unserer Gesellschaft zunächst einmal nicht vorgesehen. Wir streben nach Perfektion. Wenn dann doch mal was in die Hosen geht, bleiben Frust und Scham zurück.

**Niemand will blöd dastehen!**

Hoffentlich bekommt keiner mit, dass wir ein Geschäft in den Sand gesetzt und die Präsentation versemmelt haben oder dass unsere Beziehung in die Brüche gegangen ist. Unser neues Auto hat nach wenigen Tagen schon die erste Delle, wir haben zum dritten Mal die Prüfung nicht bestanden und müssen nun unser Studium abbrechen und uns beruflich neu ausrichten. Am besten, wir legen uns dafür gleich ein paar passende Ausreden parat, damit wir nicht ganz so blöd dastehen.

Diese Ängste betrachten wir genauer **67**

# 7. Angst vor Krankheit und Tod

Manchmal haben wir so viel Angst, krank zu werden, dass sie uns tatsächlich krank macht. Überall wird geputzt, geschrubbt und desinfiziert. Es soll ja nichts übrig bleiben, was uns eventuell infizieren könnte. Trotzdem beobachten wir, dass wir, wenn es uns dann doch erwischt, richtig lange flachliegen.

Putzen wir uns also krank? Verhindern wir durch den Sauberkeitswahn, dass unser Körper genug Abwehrkräfte aufbaut, um sich zu wehren? Bleibt nur die Impfung? Das ist gleich das nächste Thema, das heiß diskutiert wird. Die einen sagen, man müsse seine Kinder impfen, weil sonst längst ausgerottete Krankheiten wieder zurückkämen. Die anderen sind überzeugt, dass das Impfen an sich schon krank macht, und weigern sich strikt. Hinzu kommt, dass das Internet und die Medien voller Informationen über die Vor- und Nachteile stecken und es nahezu unmöglich ist, eine Wahrheit herauszufiltern.

Weiterhin gibt es immer mehr Meldungen über unzählige neu entdeckte Krankheiten und Keime. Diese Informationen werden aber nicht als Recherchematerial für Fachkräfte genutzt, sondern vor allem Laien lesen sich hier »schlau«. Einerseits ist es sicherlich gut, dass wir nicht gleich wegen jedes Symptoms zum Arzt laufen müssen und uns etwas Wissen aus dem Netz holen können. Andererseits macht es uns die Fülle an Informationen nicht gerade leichter, entspannt zu bleiben. Wer sowieso zur Ängstlichkeit neigt, der findet hier noch jede Menge Material, das die Furcht noch verstärkt: In jedes Zipperlein kann sofort eine tödliche Krankheit hineininterpretiert werden. Experten schätzen, dass ungefähr jeder zehnte Deutsche zur Hypochondrie neigt. Entwickeln wir uns also zu einem Volk der eingebildeten Kranken?

# 1. Angst vor Einsamkeit: Das Kein-Kontakt-Kaninchen

»Um die Einsamkeit ist's eine schöne Sache,
wenn man mit sich selbst in Frieden lebt und was
Bestimmtes zu tun hat.«
JOHANN WOLFGANG VON GOETHE (1749–1832),
DEUTSCHER DICHTER UND NATURFORSCHER

Kennen Sie das Kein-Kontakt-Kaninchen? Das ist das kleine miese Biest, das besonders gerne an unsere Tür klopft, wenn wir bereits im Weltschmerz versinken. Es ist hartnäckig, kann äußerst launisch sein, uns den Schlaf rauben und uns zur Verzweiflung bringen. Gerne schaut es vorbei, wenn wir zum Beispiel auf Geschäftsreise oder auch im Urlaub alleine im Hotelzimmer liegen und uns fragen: »Was habe ich nur falsch gemacht im Leben? Kein Schwein ruft mich an. Keiner interessiert sich dafür, wie es mir geht!«

Aber auch zu Hause sind Sie nicht vor ihm sicher. Besonders blöd ist, dass es egal ist, ob Sie arm oder reich sind, strahlend schön oder weniger glamourös. Zudem schaut das Kein-Kontakt-Kaninchen auch ganz unabhängig vom Alter vorbei. Wie aber kommt es, dass dieses Karnickel sich so weit verbreiten konnte und sich in unserer Gesellschaft so überaus wohlfühlt?

**Kennen Sie das kleine miese Biest?**

## Weniger Gemeinschaft – mehr Individualismus

Manchmal vermissen wir dieses Gemeinschaftsgefühl, das wir beide noch aus unserer ländlichen Heimat kennen. Eine mehr oder weniger große Gruppe – oftmals in Vereinen organisiert oder manchmal auch nur aus der Nachbarschaft – trifft sich regelmäßig, lebt zusammen, feiert gemeinsam, diskutiert, streitet miteinander und (ganz wichtig!) packt überall da an, wo es nötig ist. Sie unterstützt einander dann, wenn Hilfe gebraucht wird. Zugegeben, das ist eine Idealvorstellung, die in der Realität auch nicht immer so harmonisch läuft. Sie ist aber schön und beruhigend.

Wir hören solche Erzählungen auch heute noch ab und an – übrigens auch aus der Großstadt. Das ist also kein rein ländliches Phänomen. Was bei jeder Geschichte jedoch durchscheint: Wir haben so wenig Zeit.

Mona hat zum Beispiel einen großen Teil ihres Freundeskreises von zu Hause einfach mitgebracht. Einige waren vorher bereits in Hamburg, andere kamen nach und nach dazu. Auch die Studentenjobs im Service und am Tresen einer Bar haben enorm dazu beigetragen, viele tolle Menschen zu treffen.

Ralf hat sich Schritt für Schritt durch seine offene, gewinnende Art, seine Liebe zum Improvisationstheater und durch den Aufbau eines Straßenfestes in Reinbek ein stabiles Netzwerk aus Freunden und Kollegen aufgebaut. Als er 2008 in die Vorstadt gezogen ist, wollte er seine Nachbarn besser kennenlernen und hat es dann einfach gemacht. Inzwischen nimmt die ganze Straße an seiner Nachbarschaftsparty teil: Vom drei Monate alten Baby bis zur 90-jährigen Oma wird generationsübergreifend gefeiert.

Was wir beide erleben: Oft fehlt die Zeit und manchmal auch einfach die Lust oder die Energie, um unser Netzwerk wirklich zu würdigen und zu pflegen. Hinzu kommt, dass wir beide in Branchen arbeiten, bei denen die Außenwirkung und der Individualismus bedeutsam sind und in denen man viel unterwegs sein muss, um erfolgreich zu sein. Das kostet Kraft und manchmal auch viel Überwindung.

## Nur der Job zählt: Keine Zeit für Freunde

Vielleicht liegt es daran, dass wir sehr viele Selbstständige und Freiberufler in unserem Umfeld haben? Vielleicht gibt es aber auch immer mehr Menschen, die weit entfernt vom einst üblichen Nine-to-five-Job sind und 60 bis 80 oder noch mehr Stunden in der Woche arbeiten – egal, ob angestellt oder auf eigene Rechnung. Bereits 2012 hat die folgende Studie der EMC-Tochter Mozy unsere Einschätzung bestätigt:

https://www.basicthinking.de/blog/2012/06/25/mozy-studie-wir-arbeiten-schon-46-minuten-bevor-wir-ins-buro-kommen-9-to-5-ist-tot/

Der Vorteil: flexiblere Arbeitszeiten für die Arbeitnehmer. Der Nachteil: Wir arbeiten mehr und sind im Zweifel ständig erreichbar. Auch wir können uns noch gut erinnern, wie es war, das erste Smartphone als Geschäftstelefon in der Hand zu halten. Ganz aufgeregt waren wir und haben überall erzählt, wie toll es ist, jetzt immer auf E-Mails zuzugreifen und auch in einem Café sitzen zu können, während wir den elektronischen Schriftverkehr bearbeiten. Das hat aber auf der anderen Seite zur Folge, dass wir uns selten nur noch auf eine Tätigkeit konzentrieren. Anstatt entspannt Kaffee zu trinken und uns dabei mit Freunden oder Bekannten zu unterhalten, hängen wir permanent am Bildschirm unseres Mini-Computers. Und jeder Schreiber erwartet, dass wir uns innerhalb kürzester Zeit zurückmelden.

Wir haben den Eindruck, dass die Zeit für Freunde und Bekannte immer mehr hinter den Job zurücktreten muss. Gemeinsame Spieleabende und politische Diskussionen, wie sie bei unseren Eltern zu Hause noch regelmäßig stattfanden, gibt es kaum noch. Das meiste wird per Social Media kommuniziert. Mit respektvollen Gesprächen und auch einmal krachenden Auseinandersetzungen hat das oft nichts mehr zu tun. Beleidigungen und Hetzparolen sind an der Tagesordnung. Manchmal würden wir am liebsten alle diese wirklich saublöden Wutkommentare löschen. Ändern würde das aber nichts. Und die letzte Chance auf einen Diskurs würden wir damit auch noch verspielen.

**Wir arbeiten mehr und sind ständig erreichbar!**

Zum Glück gibt es aber immer noch Momente, in denen wir tatsächlich zusammenkommen. Dann beobachten wir, leider auch bei uns selbst, dass wir häufig das Smartphone in der Hand halten, um uns mal eben auf den neuesten Stand zu bringen oder das allerbeste Tiervideo in der Runde zu zeigen. Wir sind damit beschäftigt, Selfies nur von uns oder von allen Anwesenden zu posten, die gute Laune und Partystimmung transportieren, anstatt diese Momente zu genießen, ohne sie zu dokumentieren. Kein Wunder, dass es in Kneipen inzwischen oft Schilder gibt, die sagen:»Wir haben kein WLAN, unterhaltet euch gefälligst!« Offensichtlich ist diese Ansage ein fast schon verzweifelter Weckruf.

Wir erleben täglich, dass es uns sogar schwerfällt, einfach mal fünf Minuten, die unsere Verabredung zu spät ist oder die unser Gesprächspartner mal eben auf die Toilette musste, einfach nur dazusitzen.

Mona übt neuerdings in solchen Augenblicken zu lächeln und den Moment mal Moment sein zu lassen, ohne über die noch nicht geschriebenen E-Mails, die noch nicht fertiggestellten Texte oder die noch nicht getätigten Anrufe nachzudenken. Ein Horror, wie schwer es ihr fällt, nicht kurz zwischendurch etwas zu erledigen.

Ralf konzentriert sich gerne aufs Lesen spannender Artikel. Dazu kommt er sonst viel zu selten. Ist einfach viel zu viel los im Moment ...

Vielleicht sind wir als »Mitglieder« der Generation X oder auch Generation Golf genannt, also der Generation der zwischen 1965 und 1980 Geborenen, einfach Sklaven unseres Wunsches nach beruflichem Vorankommen. Man sagt uns nach, wir seien ambitioniert und ehrgeizig und arbeiten dafür, dass wir uns ein materiell abgesichertes Leben leisten können, ohne Angst haben zu müssen, plötzlich kurz vor dem Bankrott zu stehen. Aber das ist eine andere Geschichte und ein anderes Kaninchen, das wir später noch genauer betrachten werden.

**Sind wir Sklaven unseres Ehrgeizes?**

## Anderen geht es genau wie uns

Wir haben neulich mit einer Stewardess zusammengesessen, die uns, den Tränen nahe, erklärte:

> »Immer, wenn ich frei habe, arbeiten meine
> Freunde und umgekehrt. Ich war seit Monaten
> auf keiner Geburtstagsfeier mehr. Mich ruft auch
> schon lange keiner mehr an, ob ich am Wochenende mit zum
> Grillen an den See komme. Das hat aufgehört, als sie mich einmal
> in Südafrika am Strand erreicht haben. Keiner versteht, dass dieser
> Strand ein Teil meines Berufsalltags ist. Die wenigen Stunden, die
> ich in fernen Ländern habe, nutze ich natürlich dafür, es mir gut
> gehen zu lassen. Ich kann nicht immer nur shoppen oder schlecht
> gelaunt im Hotelzimmer abhängen. Wir haben oft nur noch eine
> minimale Ruhezeit, die wir am Reiseziel verbringen, weil die
> Frequenz der Flüge immer höher wird. Ich bin sehr dankbar, dass
> wir zumindest meist eine nette Truppe sind, die dann abends auch
> mal gemeinsam an der Hotelbar etwas trinkt oder essen geht.
> Wenn's schlecht läuft, hängst du nämlich auch mal zwei Tage allein
> in Moskau rum. Das Hotel liegt direkt am Flughafen. Mal eben mit
> dem Bus in die Stadt zu fahren, um sich den Kreml anzusehen oder
> einen Spaziergang entlang der Moskwa zu machen, ist ganz schön
> aufwendig. Es ist ziemlich hart, wenn du kein Straßenschild lesen
> kannst und auch nicht sicher weißt, ob du jemanden findest, mit
> dem du auf Englisch kommunizieren kannst.«

**Der Spagat zwischen Beruf und Privatleben.**

Hinzu kommt bei ihr ein weiteres Thema:

> »Ich weiß nicht, wie ich jemals wieder eine funktionierende Beziehung führen soll. Es sei denn, er ist Pilot oder Steward und kann
> mein Leben nicht nur verstehen, sondern auch nachvollziehen.
> In den letzten Jahren ist es immer genau gleich gelaufen: Ich lerne
> einen tollen Mann kennen, wir verabreden uns einige Male und mit
> ein bisschen Glück funktioniert es ein paar Monate lang wirklich
> gut. Am Anfang finden sie meine Arbeit meist noch richtig auf-

1. Angst vor Einsamkeit: Das Kein-Kontakt-Kaninchen    73

*regend. Sie genießen es, dass ich tolle Geschichten aus fernen Ländern erzählen kann und ich nicht immer da bin, wenn sie mit ihren Freunden losziehen. Ihnen gefällt die Freiheit, die ich lebe, und die Freiheit, die sie dadurch selbst erfahren. Irgendwann sind sie dann jedoch ziemlich genervt, weil ich oft nicht zu Hause bin. Sie finden es komisch, dass ich nicht mal eben so einfach den Dienst tauschen kann, wenn kurzfristig ein größeres Event ansteht oder es ihnen wichtig ist, dass ich am Samstag mit ihnen Fußball schaue. Oft werden sie eifersüchtig, wenn ein Nicht-Schwuler – ja, es gibt eine Menge heterosexueller Männer, die in der Kabine fliegen – einen Tag mit mir durch Los Angeles bummelt oder der Kapitän der Einzige ist, der mit mir am Hotelpool ein Wasser trinkt.«*

Sie sprach viel darüber, wie sehr sie ihren Beruf liebt. Allerdings sagte sie auch, dass sie sich oft fragt, ob es tatsächlich die richtige Arbeit für sie ist. Sie meinte, dass sie sich immer öfter einsam fühle und ihr Wunsch nach einer festen Partnerschaft oder einem planbareren Leben hintanstehen müsse.

Seitdem sie regelmäßig auf Online-Dating-Portalen unterwegs ist, wird sie noch mehr in ihrer Einsamkeit bestärkt. Zwar schafft sie es, ihre Isolation durch Chats und gelegentliche Treffen mit Fremden kurzfristig in den Griff zu bekommen. An der Herausforderung, ihre Wünsche, Werte und ihren Beruf unter einen Hut zu bekommen, ist sie bislang aber gescheitert.

Wir beobachten übrigens bei einigen unserer Freunde und Bekannten, wie Dating-Apps zum wahren Suchtfaktor und zum liebsten Freizeitvergnügen geworden sind. Was darunter leidet, sind echte Kontakte zu Freunden, Familie und Kollegen. Anstatt der Einsamkeit zu entrinnen, isolieren sich viele selbst: Sie chatten lieber online, als einfach vor die Tür zu gehen und andere Menschen zu treffen.

Gerade haben wir uns mit einem Bekannten über sein Dating-Verhalten unterhalten:

Leander ist 39, hat einen tollen Job, der ihn mindestens zehn Stunden am Tag beschäftigt. Abends ist er meist müde und bringt nicht auch noch die Energie auf, um loszuziehen. Er fühlt sich sehr einsam, hat aber kaum Zeit, um beim Ausgehen jemanden kennenzulernen. »Kolleginnen sind tabu!«, macht er deutlich. Seine Lösung: »Tinder hat mir das Leben ziemlich einfach gemacht. So kann ich meine Einsamkeit wenigstens immer wieder und auf Knopfdruck loswerden, wenn auch nur kurz.«

Einmal nach links oder rechts gewischt, wird gematcht oder für schlecht befunden. Das funktioniert überall, wo das Handy mit dabei ist und der Akku noch hält. Leander passierte neulich in einem Café sogar etwas ganz Skurriles:

Eine Frau am Nachbartisch hatte ihn beim »Tindern« beobachtet und kommentierte sein Wischverhalten. Die Mittagspause war gerettet. Gesehen hat er die charmante Dazwischenquatscherin aber nie wieder und sich getraut, sie nach ihrer Nummer zu fragen, auch nicht.

Unserer Kollegin Simone ist neulich auch eine im Nachhinein eher lustige Geschichte passiert:

Über Monate hatte sie von einer Freundin gehört, **Wenn die Bombe platzt ...** dass diese zwar froh sei, dass ihre Ehe nun zu Ende sei. Allerdings sei sie auch verletzt, weil er sie mit ihrer besten Freundin betrogen habe und von heute auf morgen bei dieser eingezogen sei. Den Ex hatte Simone aber nie persönlich kennengelernt. Noch nicht. Denn eines Abends war sie am Tindern und hatte ein Match mit dem gut aussehenden Frank. Sie chatteten, verstanden sich gut, telefonierten und mochten sich immer lieber.

Schließlich verabredeten sie sich zum Abendessen – und da platzte die Bombe. Er erzählte ihr, dass er zwar froh sei, dass seine Ehe zu Ende sei. Er fügte hinzu, dass er jedoch sehr betrübt darüber sei, dass er seine Frau mit ihrer besten Freundin betrogen habe und dann auch noch Knall auf Fall zu ihr gezogen sei.

1. Angst vor Einsamkeit: Das Kein-Kontakt-Kaninchen

Mit einem Schlag habe er nicht nur eine mehr als zehnjährige Ehe an die Wand gefahren, sondern seiner Frau auch noch die beste Freundin weggenommen.

Schuldfragen wollen wir hier nicht erörtern und schon gar nicht eine Trennung bewerten. Aber in diesem Moment wurde Simone klar, um welchen Frank es sich bei ihrem Gegenüber handelte. Seither haben sie sich nie wiedergesehen.

## Einsamkeit ist überall

Nicht nur Singles kennen die Angst vor der Einsamkeit. Eine Freundin, die gerade ihr zweites Kind zur Welt gebracht hat, erzählte neulich:

*»Ich liebe meine Kinder und meinen Mann über alles. Ich habe aber keinen Nerv mehr, nur mit Klischeemüttern abzuhängen, oberflächliche Gespräche über Windeln und Allergien der Kids zu führen und dabei Latte macchiato zu schlürfen. Obwohl ich den ganzen Tag etwas zu tun habe, fühle ich mich manchmal unendlich isoliert.*

*Ich fürchte, mein eigenes Leben ist bald vorbei. Während ich mir auf dem Spielplatz die gefühlt hundertste Geschichte über volle Windeln und juckende Ekzeme anhöre, schweife ich in Gedanken ab. Leider male ich mir dann Horrorszenarien aus. Ich stelle mir vor, dass mein Mann sein ›Hausmütterchen‹ nicht mehr sexy findet und lieber mit seiner Sekretärin flirtet und gemeinsame Geschäftsreisen plant. Das ist umso absurder, weil er noch nicht einmal eine Sekretärin hat. Ich kann mich in solche Situationen trotzdem so richtig reinsteigern. Klar, dass die Kinder, sobald sie groß sind, aus dem Haus flüchten und die verlassene, depressive Mutter auch immer nur sonntags und an Feiertagen anrufen, um ihr schlechtes Gewissen zu beruhigen. Ich weiß, das ist alles absurd. Aber meine Fantasie ist grenzenlos, wenn es darum geht, dass ich die immer gleichen Geschichten nicht mehr hören muss.«*

**KURZ GEFASST: ANGST VOR EINSAMKEIT:**
**DAS KEIN-KONTAKT-KANINCHEN**

Die Art, in der sich unsere Gesellschaft entwickelt hat, begünstigt die Angst vor der Einsamkeit. Unser Fokus liegt auf Individualismus und auf Erfolg bei der Arbeit. Das fordert viel Zeit und Aufmerksamkeit. Häufig führen wir auch eine Art virtuelles Parallelleben im Internet. Somit bieten wir dem Kein-Kontakt-Kaninchen immer genügend Nahrung, damit es sich bei uns so richtig wohlfühlt.

# Was ist real an der Angst vor Einsamkeit?

## Wir arbeiten viel und überall

Es gibt sehr viel Einsamkeit unter den Menschen. Das liegt zum einen daran, dass viele von uns ihren Fokus sehr stark auf die Arbeit richten. Unsere berufliche Erfüllung nimmt einen hohen Stellenwert ein. Die klassische Work-Life-Balance wird – zumindest in unserer Generation – lange nicht mehr so stark propagiert wie früher. Wegen langer Arbeitszeiten und der Angewohnheit, dass wir unsere Arbeit überallhin mitnehmen, setzt sich das Umfeld vieler hauptsächlich aus Kollegen zusammen.

**Voller Fokus auf den Beruf!**

So eine berufliche Gemeinschaft kann sehr nett sein. Es können sich sogar Freundschaften daraus entwickeln. Das möchten wir auf keinen Fall bestreiten. Die Erfahrung zeigt aber, dass sich mit einem Jobwechsel die meisten dieser Bindungen wieder lösen, weil ohne die gleiche Firma oder dasselbe Team die Gemeinsamkeiten oder einfach nur zusammen Erlebtes fehlen. Kollegen können also den Kontakt zu Menschen, die

Ihnen wirklich wichtig sind und denen Sie etwas bedeuten, auf Dauer nur selten oder gar nicht ersetzen.

## Wir gönnen uns keinen Raum für Ruhe und leben zu viel virtuell

Immer mehr verlieren wir die Trennung zwischen Freizeit und Arbeitszeit. Das ist grundsätzlich erst einmal nichts Schlimmes. Die Grenzen sind oft fließend. Doch wenn wir nicht darauf achten, haben wir keinen »Ruheraum« mehr. Wir sitzen teils bis spät noch am Laptop, um auch wirklich alle E-Mails abgearbeitet zu haben.

Tablets und unser Smartphone nehmen wir sogar mit ins Bett. Das erleichtert den Kontakt zu Menschen außerhalb unseres beruflichen Umfelds. Über soziale Netzwerke wie Facebook, Twitter und Co. sind wir scheinbar permanent verbunden. Kein Posting kann jedoch den gemeinsamen Drink in einer Bar und Gespräche über alles, was so schiefläuft in der Welt, ersetzen. Wir glauben, dass die sozialen Netzwerke sogar dazu führen, dass wir immer weiter vereinsamen und uns eine parallele virtuelle Welt aufbauen, die nichts mit der Realität zu tun hat.

## Wir bekommen zu wenige Kinder

Es ist eine Tatsache, dass unsere Gesellschaft immer älter wird und die Deutschen immer weniger Kinder bekommen. Wir liegen sogar unter dem EU-Schnitt. Besonders Frauen tun sich schwer damit, Kinder und Karriere unter einen Hut zu bringen. Viele beklagen mangelnde Förderung durch den Arbeitgeber oder den Staat. Für andere sind die hohe Scheidungsrate und die Angst davor, als Alleinerziehende zu enden, echte Kinderwunsch-Blocker. Wer keine Kinder hat, fragt sich aber oft, wer denn im Alter für ihn da sein wird. Die Furcht davor, später zu

**Das sind echte Kinderwunsch-Blocker.**

vereinsamen, ist groß. Echten Horror löst der Gedanke aus, dass wir als Single alt werden müssen oder der Partner früher stirbt. Das kann kein virtuelles Netzwerk auffangen.

**KURZ GEFASST: WAS IST REAL AN DER ANGST VOR EINSAMKEIT?**

Es gibt sehr viel Einsamkeit unter den Menschen. Woran das liegt? Wir arbeiten zu viel, gönnen uns zu wenig Ruhe und vernachlässigen Freizeit, Freunde und Familienleben.

# Was ist irreal an der Angst vor Einsamkeit?

## Die Evolution ist schuld

Die Angst vor Einsamkeit ist evolutionsbedingt und hängt damit zusammen, dass wir bei unserer Entstehung auf die Gruppe angewiesen waren. Ohne sie waren wir verloren und konnten nicht überleben. Heutzutage können wir theoretisch überleben, auch ohne dass wir andere wirklich brauchen. Wir sagen »theoretisch«, weil wir ohne persönliche Kontakte vereinsamen. Man kann aber auch gemeinsam einsam sein und sich in Gesellschaft verloren fühlen.

Einsamkeit sollte auf keinen Fall mit Alleinsein verwechselt werden. Es gibt viele Menschen, die das Alleinsein sehr genießen, gerne alleine in den Urlaub fahren und nichts mehr mögen, als abends die Tür zuzumachen, das Handy auszuschalten und im Moment zu sein. Sie sind ganz allein, aber kein bisschen einsam.

1. Angst vor Einsamkeit: Das Kein-Kontakt-Kaninchen

# Die anderen sind schuld

Es ist ein echtes Drama, das sich in unserer Gesellschaft abspielt, leider oft ohne Happy End: Wir sind damit beschäftigt, uns zu beklagen, dass wir zum Beispiel keine Zeit haben, uns mit anderen Menschen zu treffen, weil unsere Kunden oder unsere Chefs uns zu sehr einspannen. Und dann werden wir noch nicht einmal angemessen dafür bezahlt. Deshalb können wir nicht regelmäßig ausgehen, das Wochenende im Segelclub verbringen oder die schicken Schuhe kaufen, die wir auf der Party am Samstag unbedingt tragen wollten. Eine Frechheit ist das! Dann bleiben wir doch besser zu Hause und bedauern uns im stillen Kämmerlein.

**Sündenbock dringend gesucht!**

Besonders schlimm wird es dann, wenn wir denken: »Es könnte ja auch mal jemand vorbeischauen, dem aufgefallen ist, dass ich gar nicht zur Party gekommen bin. Die anderen müssen das doch merken. Aber natürlich fällt es keinem auf. Die sind ja alle nur mit sich selbst beschäftigt. Wenigstens anrufen könnte doch mal einer. Aber für mich ist nie einer da, wenn ich jemanden brauche. Die stellen mich einfach aufs Abstellgleis …«

Das Lamento kann unendlich fortgeführt werden. Zudem gibt es noch tausend weitere Gründe, warum wir uns einsam und aufs Abstellgleis geschoben fühlen. Hier setzt dann die Panik ein: »Was, wenn wir allen egal sind? Wir werden irgendwann einsam und verlassen sterben. Und schuld daran sind die anderen!«

Am Ende des Tages haben wir unsere gesamte Energie damit vergeudet, mit dem Finger auf alle Bösewichte zu zeigen. Stellen Sie sich das einmal bildlich vor: Sie stehen den ganzen Tag mit ausgestrecktem Arm da, heben Ihren Zeigefinger und rufen: »Er war's, er war's!« Oder: »Sie war's, sie war's!« Das klingt schon beim Lesen unfassbar anstrengend! Aber genau das ist es, was wir tun. Wir richten unsere gesamte Energie darauf, anderen die Verantwortung dafür aufzudrücken, dass wir uns einsam fühlen.

80  Ängste loswerden: Der Kill-dein-Kaninchen-Teil

## Wir machen anderen zu viele Vorwürfe

Kennen Sie diese Menschen, die anrufen und sofort sagen: »Von dir hört man ja gar nichts mehr. Ich dachte, es muss etwas Schlimmes passiert sein!«? Oder es schallt ein wehleidiges »Du hast gar keine Zeit mehr für mich!« durch den Hörer. Wir kennen das leider nur zu gut und ertappen uns hin und wieder auch selbst dabei, wie wir uns über mangelnde Fremdaktivität beklagen. Taktisch ist es eher ungeschickt, jemanden, zu dem man mehr Kontakt möchte, gleich mit Vorwürfen zu überschütten. Wir können uns kaum vorstellen, dass so ein Handeln Lust darauf macht, mehr Zeit mit einer Person verbringen zu wollen. Deshalb lautet unser Fazit: Vorwürfe sind völlig unnütz und machen uns zudem sehr einsam.

## Wir verstecken uns hinter Ausreden

Wenn wir so um uns herum blicken oder uns selbst ansehen, stellen wir fest: »Keine Zeit!« ist eine wirklich gute Ausrede, die wir gerne überstrapazieren. Sie ist ein echtes Totschlagargument. Was sollen Freunde und Bekannte denn darauf entgegnen? »Du musst aber trotzdem mitkommen!« Klingt nicht überzeugend. Oder? Aber auch sonst erfinden wir ständig Ausreden, um uns nicht zu verabreden. Die wunderbare Ina Müller hat sogar einen Song daraus gemacht und singt: »Hätt ich 'n Hund, hätt ich 'n Grund.« Dabei brauchen wir gar keinen Grund. Der Stress mit der Absagerei ist total hausgemacht. Ehrlichkeit ist hier angebracht. Auch wenn sie im ersten Moment nicht immer gut ankommt, ist Ehrlichkeit auf lange Sicht gesehen ein dankbarer Mitspieler. Echte Freunde wissen es zu schätzen, wenn man ihnen mit Aufrichtigkeit und Respekt begegnet. Und falls Ihre Freunde Sie wirklich einmal brauchen, werden sie das eher äußern, als wenn sie immer dieselbe Ausrede kassieren, die sowieso keiner mehr glaubt.

**Keine Zeit versus keine Lust!**

## Wir sind Klammeraffen

Wir neigen dazu, krampfhaft an Menschen und Dingen festzuhalten. Doch das, was man ankettet, bleibt selten freiwillig. Wer aus Angst vor Einsamkeit klammert, hat ein wichtiges Learning im Leben noch nicht verinnerlicht: Die Kunst ist das Loslassen.

Nur wer freiwillig bleibt und immer wiederkommt, ist ein echter Freund und kann für uns da sein, wenn wir uns einsam fühlen. Klammeraffen hingegen fokussieren sich nicht darauf, was sie selbst wirklich fühlen oder wollen. Stattdessen beschäftigen sie sich nur damit, was andere tun oder lassen. Alle Energie und Aktivität wird in die Konzentration auf das Gegenüber gesteckt. Jede Aktion oder Reaktion wird analysiert. Das lässt die Angst immer größer werden, dass sie diesen Menschen verlieren könnten. Liebes- und Freundschaftsbeweise werden mal deutlich, mal unterschwellig gefordert. Häufig werden sie mit ungeteilter Aufmerksamkeit gleichgesetzt. Fehlt diese übertriebene Zuwendung, wird geklammert, was das Zeug hält!

## Wir verwechseln das Alleinsein mit Einsamkeit

Es ist unendlich schade, dass so viele von uns nicht allein sein können, ohne sich einsam zu fühlen. Im Grunde heißt das, dass wir uns selbst nicht gut genug sind oder dass wir uns selbst nicht gut genug kennen, um die Zeit mit uns zu genießen. Kein Wunder, denn unser Fokus liegt im Außen und wir brauchen Anerkennung und Bestätigung mehr als Zeit für und mit uns selbst. Dabei ist es so spannend, sich einmal in verschiedenen Situationen zu beobachten. Dazu gehört auch, das Alleinsein nicht automatisch mit Einsamkeit gleichzusetzen.

Wer alleine Zeit verbringt, kann genau das tun, was er selbst möchte, ohne dabei jemand anderem auf die Füße zu treten. Wir können Musik hören, die unser Partner oder unsere Freunde nicht mögen. Wir können ausgiebig duschen und dabei alle Hits der 1980er, 1990er und das Beste von heute singen. Wir können Kreuzworträtsel und Sudokus lösen oder sinnlose Computergames spielen. Was alle diese Tätigkeiten gemeinsam haben? Sie machen Ihnen Spaß und Sie müssen sich vor keinem anderen dafür rechtfertigen, dass Sie sie mögen.

## KURZ GEFASST: WAS IST IRREAL AN DER ANGST VOR EINSAMKEIT?

Wir finden immer einen Schuldigen dafür, dass wir einsam sind oder uns einsam fühlen. Mal ist es der Chef, mal ist es ein Freund, mal sind es die Umstände. Anstatt jedoch aktiv und eigenverantwortlich etwas zu ändern, bemitleiden wir uns lieber selbst und setzen unsere Erwartungen in andere.

# Tod dem Kein-Kontakt-Kaninchen!

Wer nicht gerne alleine ist, kann die Zeit mit sich selbst nicht wirklich genießen. Und genau hier liegt der sprichwörtliche Hase im Pfeffer. Wer sein Kein-Kontakt-Kaninchen killen möchte, muss lernen, die Zeit mit sich selbst zu genießen.

Das heißt nicht, dass Sie nicht auch mal im Selbstmitleid und im Weltschmerz baden dürfen. Manchmal ist das nötig und sogar wichtig, um wieder klarzukommen. Das sind dann die Momente, in denen wir uns, im übertragenen Sinn, einfach mal selbst in den Arm nehmen müssen, um uns zu sagen: »Ich bin für dich da!« Wenn Sie für eine Weile niemanden haben, der Freud und Leid mit Ihnen teilen kann, lassen Sie sich davon nicht lähmen. Halten Sie es wie Hermann Hesse im »Steppenwolf« und sagen Sie sich:

**Die gute Seite der Einsamkeit.**

*»Einsamkeit ist Unabhängigkeit.«*

1. Angst vor Einsamkeit: Das Kein-Kontakt-Kaninchen **83**

Was Hesse damit ausdrückt, ist eine wirklich gute Seite von Einsamkeit. Wer einsam ist, kann tun und lassen, wozu er Lust hat, ohne sich mit jemand anderem abzusprechen oder ihm mit einer Tat auf den Schlips zu treten. Pablo Picasso geht sogar noch weiter und behauptet:

*»Nichts kann ohne Einsamkeit vollendet werden.«*

Bekanntermaßen hat Picasso eine Menge erschaffen. Seine Kunst war und ist bis heute wegweisend und revolutionär. Immer wieder hat er neue »Phasen« durchlebt, die er in seiner Kunst ausdrückte. Sie mögen jetzt entgegnen, dass Sie kein Künstler sind und auch nicht vorhaben, einer zu werden. Diese mentale Grenze sollten Sie sich erst gar nicht setzen. Nutzen Sie lieber die Zeit, die Sie nur mit sich selbst verbringen, um Ihrer Kreativität freien Lauf zu lassen. Was wollten Sie denn schon immer einmal tun?

## SO KILLEN SIE DAS KEIN-KONTAKT-KANINCHEN!

### Schritt 1: Personalisieren Sie Ihre Angst!

Wir neigen dazu, etwas erst richtig fassen zu können, wenn wir es beim Namen nennen. Wenn Sie also merken, dass das Kein-Kontakt-Kaninchen gnadenlos zuschlägt, dann geben Sie ihm einen Namen. Wie würden Sie zum Beispiel Ihr Haustier nennen oder Ihr (nächstes) Kind? Unser Kein-Kontakt-Kaninchen heißt Paul. Immer dann, wenn er auftaucht, begrüßen wir ihn sehr herzlich und laden ihn liebevoll ein, auf unserem Sofa Platz zu nehmen. Und wenn er da schon rumsitzt? Dann nehmen wir ihn ganz liebevoll in den Arm und bedanken uns für seinen Besuch. Wir klammern uns schon fast an ihm fest. Klar, dass das sensible Wesen darauf nicht so richtig viel Lust hat. Ehe wir uns versehen, hat er genug von uns und schmeißt die Tür frustriert hinter sich ins Schloss. Mal schauen, ob er jemals wieder vorbeikommt. Bis dahin: Lebe wohl, Paul!

84   Ängste loswerden: Der Kill-dein-Kaninchen-Teil

## Schritt 2: Freuen Sie sich über die Zeit mit sich selbst!

Es kann so wunderbar sein, Zeit für sich selbst zu haben. Nein? Probieren Sie es einfach aus, auch wenn Ihr Kein-Kontakt-Kaninchen gerade mal nicht zu Besuch ist. Nehmen Sie sich jeden Tag mindestens fünf Minuten ganz bewusst nur für sich selbst. Genießen Sie jede Sekunde davon. Tun Sie in diesen fünf Minuten rein gar nichts – außer genießen. Kein Fernsehen, kein Internet und nein, lesen Sie auch kein Buch. Schließen Sie Ihre Augen. Lassen Sie die Gedanken kommen und gehen, ohne sie festzuhalten. Auch wenn es am Anfang etwas komisch scheint, werden Sie diese innere Ruhe sehr schnell genießen und sich fragen: »Wer war noch mal Paul?«

## Schritt 3: Erlauben Sie sich, einsam zu sein!

Sie haben richtig gelesen! Kämpfen Sie nicht gegen das Gefühl an. Es wird Sie sowieso immer wieder einholen. Also, bestrafen Sie sich nicht zusätzlich. Gestehen Sie sich ein, dass Paul vielleicht gar kein so schlechter »Kerl« ist. Erlauben Sie sich, den ungebetenen Gast zu akzeptieren. Überlegen Sie dann, was Sie jetzt mit ihm gemeinsam anstellen könnten. Mögen Sie Yoga? Üben Sie doch gemeinsam die Rabbit-Pose. Davon profitieren Sie gleich mehrfach. Die Übung ist nämlich unter anderem gut gegen Schlaflosigkeit und Depressionen und hilft zudem dabei, die oft angespannten Schultern zu lockern.

Vielleicht wollten Sie auch schon immer mal lernen, Papier-Kaninchen zu falten. Das ist jetzt Ihre Gelegenheit. Legen Sie los! Im Netz gibt's jede Menge Anleitungen.

Was auch immer Sie gerne tun wollen, verwandeln Sie die negativen Gefühle, die das Kein-Kontakt-Kaninchen mitbringt, in Aktion und Kreativität. Dann verschwindet das lästige Biest ganz von selbst. Falls nicht, schneiden Sie Ihr Papier-Kaninchen einfach in zwei Hälften und werfen Sie es in die Mülltonne!

# 2. Angst vor Armut: Das Keine-Kohle-Kaninchen

»Arm ist nicht der, der wenig hat, sondern der, der nicht genug bekommen kann.«
Jean Guéhenno (1890 – 1978), französischer Pädagoge, Journalist und Schriftsteller

An dieser Stelle möchten wir einen weiteren sehr unangenehmen Teilzeit- oder sogar Vollzeitmitbewohner ins Visier nehmen: das Keine-Kohle-Kaninchen. Das ist dieses Möchte-gern-frei-und-unabhängig-sein-Vieh, das uns zum Geizkragen mutieren lässt und uns positive Eigenschaften wie Großzügigkeit und Mitgefühl raubt. Wie so viele seiner Kaninchen-Partner lebt es fernab jeder Vernunft und weit weg von unserer Realität. Denn es sind nachweislich diejenigen, die objektiv keinerlei Not leiden, die das Keine-Kohle-Kaninchen besonders gerne beherbergen. Überlegen Sie mal, wie viel Miete es kostet oder wie viel Miete Ihnen dabei flöten geht, wenn Sie so viel Platz für dieses Kaninchen benötigen, den Sie getrost anderweitig an viel nettere, freundlichere Zeitgenossen vermieten könnten. Sie könnten inzwischen ein wahres Vermögen angehäuft haben an netten Gesten und guten Eigenschaften. Und wenn Sie den Platz an Ihr Solidaritätsgen weitergeben, können Sie zusätzlich auch noch jede Menge Karmapunkte sammeln.

**Fernab jeder Vernunft!**

Warum also fällt es uns so schwer, großzügig und freigebig zu sein? Und wieso verschwenden wir so viel Energie darauf, den schnöden Mammon zusammenzuhalten?

# Ich gönne mir ja sonst nichts

Ein schönes Outfit, ein neues Fahrrad oder ein neuer 3D-Fernseher mit Raumklang und Kinofeeling: Kennen Sie die Befriedigung, die sich einstellt, wenn wir uns etwas Schönes leisten, auf das wir lange gespart haben? Es kribbelt so schön, wenn Sie die Verpackung aufmachen und Stück für Stück Ihr neues Lieblingsexemplar enthüllen.

**Genuss oder Reue?**

Doch wie lange hält dieses Gefühl bei Ihnen an? Können Sie es über Wochen und Monate genießen und jedes Mal, wenn Sie sich aufs Rad schwingen und der sanfte Fahrtwind Sie umhüllt, denken: »Wow! Das war eine großartige Anschaffung und jeden Cent wert, den sie gekostet hat!«? Oder stellt sich schon nach kürzester Zeit der Zweifel ein, ob Sie das Geld nicht lieber auf dem Konto gelassen hätten und ob das »blöde Teil« nicht völlig überteuert war? Für den Preis hätten Sie mindestens zwei Räder bekommen, die es auch getan hätten. Es muss ja nicht immer dieses neumodische Zeugs sein und natürlich haben Sie den Markennamen auf alle Fälle teuer mitbezahlt.

Vielleicht hätten Sie sich auch besser einen Gebrauchtwagen gekauft? Dann müssten Sie jetzt nicht frierend und durchnässt durch den strömenden Regen radeln und hätten stattdessen ein Dach über dem Kopf. Was für eine Schnapsidee, so viel Kohle zum Fenster rauszuwerfen. »Ich gönn mir ja sonst nichts!« Beruhigen Sie sich in solchen Momenten auch mit hohlen Phrasen?

Wahrscheinlich stimmt das sogar und Sie gönnen sich nicht genug. Die interessante Frage ist doch: Warum eigentlich nicht?

2. Angst vor Armut: Das Keine-Kohle-Kaninchen   87

## Nächstes Jahr wird's ganz schwierig

Haben Sie diesen Satz schon mal von einem Vorgesetzten gehört? Hat sie oder er diese Aussage damit begründet, dass Sie auf die versprochene Gehaltserhöhung verzichten müssen oder Ihr Bonus kleiner ausfällt als angekündigt? Oder sind Sie selbstständig und die Prognosen für das kommende Jahr sehen nicht ganz so rosig aus? Liegt Ihre Auftragslage etwa hinter Ihren Schätzungen und Hoffnungen zurück?

**Nur keine Panik!**

Nicht schön, aber das kann passieren. Beides. Es gibt tatsächlich gute und schlechte Jahre. Wer in den guten Zeiten haushaltet, hat in den schlechteren etwas Luft, um nicht sofort pleitezugehen. Wenn Sie in Ihrer Firma den Fokus nicht primär auf den Porsche als Geschäftswagen oder auf 25 Angestellte legen und verstanden haben, dass Umsatz nicht mit Gewinn gleichzusetzen ist, sichern Sie sich auf alle Fälle ab. Dieses Kapitel soll jedoch keineswegs dazu animieren, jeden Cent dreimal umzudrehen. Wir wollen Ihnen damit sagen, dass Sie nicht sofort in Panik ausbrechen müssen, wenn ein Umsatzziel nicht erreicht wird oder ein paar Aufträge wegbrechen.

Such is life! Egal, wie sehr Sie sich im Vorfeld schon Sorgen darum machen, was alles passieren könnte, und versuchen, jede Eventualität einzuplanen, es kommt anders, als Sie denken. Versprochen! Denn es gibt keine Sicherheit. Immer nur sparen und sich zügeln, ist keine Lösung.

## Das gehört alles mir!

Mein Haus, mein Auto, mein Boot, mein Kleiderschrank – meins, meins, meins ... alles meins! Es ist so wundervoll, zu besitzen und das auch zu zeigen. Dadurch erfahren wir Bestätigung – und die brauchen wir wie die Luft zum Atmen. Wenn diese Bestätigung plötzlich wegfällt, brechen wir zusammen. So wird aus Besitz eine wahre Besessenheit. Dann verwandelt sich alles, was uns gehört, vom Glücksspender zur Belastung.

88 Ängste loswerden: Der Kill-dein-Kaninchen-Teil

Wir fokussieren uns nur noch auf eins: Wir wollen das, was wir haben, um jeden Preis behalten. Weil: »Wie käme das denn rüber, wenn ich plötzlich keinen Mercedes mehr vor der Tür stehen hätte?« Oder: »Was denken denn die Nachbarn, wenn sie mitbekommen, dass wir dieses Jahr nur zum Zelten gehen und nicht wieder in den Luxusurlaub auf die Seychellen fliegen, mit dem wir letztes Jahr noch so geprahlt haben?« Das sind alles Sätze, die wir in unserem direkten Umfeld bereits gehört haben und die uns regelmäßig erschrecken. Warum ist das, was die Nachbarn denken, so unglaublich wichtig? Wieso müssen wir krampfhaft immer mehr besitzen, auch wenn wir das alles gar nicht brauchen? Ganz einfach: Weil wir nach Anerkennung und Bestätigung gieren!

Es ist genau diese Gier der Menschen, die unser soziales Gefüge bedroht. Wir schaffen es nicht, entspannt in einem Umfeld zu leben, in dem jeder mit dem zufrieden ist, was er hat. Es ist eine menschliche Schwäche, dass wir uns nicht zurücklehnen können, sondern immer mehr wollen. Wir sind nie zufrieden. Denn Besitz weckt die Lust auf Macht und Einfluss. Und davon wollen wir so wenig wie möglich wieder verlieren.

**Gier bedroht unser soziales Gefüge.**

Erinnern Sie sich an die »Herr der Ringe«-Trilogie«? Stichwort: »Mein Schatz!« Der Besitz des Ringes, der alle findet und knechtet, hat den freundlichen Hobbit Sméagol in die Schattengestalt Gollum verwandelt. Diese Kreatur ist völlig von dem Ring besessen. Sie lügt und betrügt und keiner traut ihr. Aber was kann man tun, um sich nicht so negativ zu verändern? Üben Sie sich darin, Besitz auch mal loszulassen!

## Ich muss vorsorgen!

Altersarmut ist seltsamerweise ein wirklich präsentes Thema im Die-Rente-ist-sicher-Land. Auf sämtlichen TV-Kanälen werden ältere Menschen vors Mikro gezerrt, die von Nudeln mit Tomatensoße leben müssen und ihr Geld bereits zur Monatsmitte aufgebraucht haben. Wir wollen diese Situation nicht beschönigen. Es gibt leider auch in Deutschland immer noch Menschen, denen es finanziell nicht gut geht. Und das betrifft auch diejenigen, die ihr ganzes Leben lang gearbeitet haben:

Eine Freundin lag zum Beispiel gerade im Krankenhaus neben einer Dame, die ihr ganzes Leben über privat krankenversichert war. Ihre Versicherung erhöht seit Längerem jährlich die Beiträge. Inzwischen geht mehr als die Hälfte ihrer Rente jeden Monat dafür drauf. »Wenn dann noch die Miete abgeht, ist das Konto schon fast leer«, erzählte die Dame unserer Freundin unter Tränen.

Jetzt kann man einerseits sagen: »Das ist unfair! Wovon soll die Frau das bezahlen?« Andererseits gibt es ja nicht ohne Grund gesetzliche Krankenversicherungen, die nach dem Prinzip arbeiten: Wer mehr hat, zahlt mehr, und wer weniger hat, zahlt weniger. Okay. Das war jetzt ein bisschen Klugscheißerei. Wir entschuldigen uns aufrichtig dafür. Vielen war sicherlich beim Eintritt in die private Krankenversicherung nicht ganz klar, dass sich die Beiträge im Alter so exorbitant erhöhen werden.

Tatsächlich fällt uns immer mehr auf, dass keiner in unserem Umfeld so richtig Bescheid weiß, wie viel Rente er später bekommen wird. Zwar erhalten wir alle jährlich einen Bescheid darüber, was wir zu erwarten haben. Aber wenn wir mal ehrlich sind, sind das für uns abstrakte Zahlen, die Deutungsspielraum zulassen. Schließlich wird alles ständig teurer. Zudem wissen viele nicht, wie lange sie noch den momentanen Betrag in die Rentenversicherung einzahlen werden. Und was wir gar nicht einschätzen können, ist die Zukunft. Lebensumstände ändern sich manchmal genauso schnell wie das Wetter. Betroffen ist davon oft auch die Rente. Mal in einem guten Maß, mal in einem schlechten.

**Was, wenn sich die Lebensumstände ändern?**

Worüber wir uns beim Anblick des Rentenbescheids aber alle einig sind: Da steht zu wenig drauf! Schließlich wollen wir im Alter unser Lebensniveau halten und auf keinen Fall auf etwas verzichten müssen. Dafür haben wir immer geschuftet und später wollen wir dann ernten und genießen. Basta!

# Wenn's ums Geld geht

Wir geben zu: Auch bei uns schaut das Keine-Kohle-Kaninchen oft vorbei. Wir haben zu hohe Fixkosten, die Waschmaschine geht immer im unpassendsten Moment kaputt und ausgerechnet jetzt steht die erste Rate für den Sommerurlaub an. Es nervt, wenn dann vermeintlich nicht genug Geld auf dem Konto ist. Und wenn zudem auch noch die Steuer anklopft, dann sitzt das Keine-Kohle-Kaninchen schon mitten im Zimmer.

**Hier tobt sich das Keine-Kohle-Kaninchen richtig aus!**

Wenn's ums Geld geht, sind auch wir ganz schöne Schisser: Was wir damit sagen wollen? Wir sind bei Ihnen! Wir kennen das alles – die schlaflosen Nächte, die kleinen oder größeren Panikattacken, die permanente Frage: »Kann ich mir das leisten?« Und irgendwie fällt es uns auch immer wieder schwer, ganz entspannt an Finanzangelegenheiten heranzugehen. Ein bisschen liegt es wohl daran, dass wir Menschen leider oft den Bezug dazu verlieren, was wir zum Leben brauchen und woran wir »nur« festhalten, weil es bequem oder gar luxuriös ist.

Ganz ehrlich, wir finden es toll, dass wir nicht mehr jeden Cent umdrehen müssen wie noch zu Studenten- oder Ausbildungszeiten. Es ist ein wunderbares Gefühl, einen Latte macchiato in einer der zurzeit so beliebten Kaffee-Ketten für fünf Euro bestellen zu können, ohne zu denken: »Dafür gibt's heute Abend nur Nudeln mit Ketchup!« Ja, wie die meisten von uns lieben auch wir ausgedehnte Urlaube, schicke Klamotten und eine Wohnung oder ein Haus in guter Lage. Und ja, manchmal schauen wir alle etwas ungläubig, wenn Politiker von Steuerersparnissen, von sicheren Renten und guter Konjunktur sprechen. Viel zu oft scheinen wir ja genau das Gegenteil zu sehen, zu hören, zu lesen und zu spüren.

Wer in einer Festanstellung arbeitet, bekommt sogar jeden Monat schwarz auf weiß den Beweis dafür geliefert, wenn wieder mehr vom Staat abgezogen, ein Wahlversprechen gebrochen oder einfach nur der Gürtel enger geschnallt wird. Wolfgang Schäuble kommentierte das bereits 2009 salopp:

*»Vielleicht müssen wir uns mit einer Erkenntnis aus der Bibel
anfreunden, wonach auf fette Jahre auch mal magere folgen.
Auch daraus kann man Optimismus schöpfen.«*[16]

Ganz schlecht ist sein Ansatz nicht. Wir glauben auch daran, dass in
jeder Veränderung, auch wenn sie auf den ersten Blick negativ scheint,
etwas Positives zu finden ist. Ein Beispiel:

Herr Franz ist schon lange unzufrieden mit seinem Gehalt. Jedes Jahr
muss er im Personalgespräch um jeden zusätzlichen Euro feilschen. Er
kann sich nur selten einmal einen Wunsch erfüllen,
weil am Monatsende nie wirklich viel auf dem Konto
übrig ist. Dennoch erwartet die Firma immer mehr
Zugeständnisse von ihren Angestellten. Nur so kann
sich das Unternehmen Modernisierungen und Konkurrenzfähigkeit
leisten.

**Das Beispiel macht Mut!**

Überstunden sind selbstverständlich geworden und seit man den Mitarbeitern großzügigerweise Smartphones zur Verfügung stellt, ruft auch
am späten Abend gerne noch mal jemand an, der noch eine Herausforderung meistern muss und dafür unbedingt den Rat von Herrn Franz
benötigt. Die Konsequenz: Er wird zusehends unzufriedener und frus-
trierter. Da Herr Franz jedoch schon fast 50 ist, hält er immer wieder
aufs Neue durch. Er hat Angst davor, dass er in seinem Alter keinen
neuen Job mehr findet. In seinen Alpträumen sieht er sich bereits auf
Dauer arbeitslos und abhängig von Hartz IV. Er malt sich aus, dass er
sein Haus nicht mehr halten und seine Familie nicht mehr ernähren
kann. Erst als er im Personalgespräch erfährt, dass er wieder mal eine
Nullrunde hinlegen soll und sich zudem Kommentare zu seiner angeblich nachlassenden Leistung anhören muss, platzt ihm der Kragen. Er
kündigt spontan und steht zunächst ohne alles da.

Klar, dass hier das Kaninchen-Feeling vorprogrammiert ist. Weil Herr
Franz aber nicht zum Rumsitzen geboren ist, nimmt er das Telefon in
die Hand und spricht mit Leuten. Er redet mit ehemaligen Kunden, mit
Konkurrenten, mit Headhuntern und mit Freunden und Bekannten.

Inzwischen arbeitet Herr Franz bei einem ehemaligen Kunden, verdient 30 Prozent mehr und geht wieder jeden Tag gerne zur Arbeit.

Okay, dieses Beispiel ist fiktiv – und es hätte natürlich auch anders kommen können. Unwahrscheinlich ist es aber nicht, dass es genau so läuft. Was wir mit der Geschichte sagen wollen? Egal, wie alt oder wie festgefahren wir sind, wir alle haben es in der Hand, Situationen zu retten, indem wir uns bewegen und Resignation in Aktion umwandeln. Wenn's ums Geld geht, können wir ganz schön kreativ sein, auch wenn wir sonst wenig schöpferisch tätig sind!

**KURZ GEFASST: ANGST VOR ARMUT: DAS KEINE-KOHLE-KANINCHEN**

Vor lauter Panik, dass wir nicht genug haben oder nicht alles, was wir brauchen oder was uns »zusteht«, krallen wir uns an Geld und Besitz fest. Das führt dazu, dass wir uns vom Keine-Kohle-Kaninchen immer mehr antreiben und steuern lassen.

# Was ist real an der Angst vor Armut?

## Wir geben zu viel aus

Viele Menschen leben tatsächlich über ihre Verhältnisse. Das fängt schon beim ökologischen Fußabdruck an. 2016 hatte die Menschheit bereits am 8. August alle Ressourcen der Erde, die für das ganze Jahr hätten reichen sollen, aufgebraucht.[17] Deutschlands Konto rutschte bereits am 26. April 2016 ins Minus. Da muss man kein Mathegenie sein, um auszurechnen, dass wir Ende des Jahres ganz schön weit in den roten Zahlen standen. 2017 war es noch schlimmer. Der Tag, an dem wir das ganze Naturkapital der Erde aufgebraucht hatten, der sogenannte Earth Overshoot Day, war bereits am 2. August erreicht.

Was hat das mit der Angst vor Armut zu tun? Eine Menge! Der Umgang mit unserer Welt und ihren Ressourcen zeigt sehr deutlich: Obwohl wir in der Theorie wissen, was wir zum Leben brauchen, wollen wir doch immer mehr. Sobald wir mehr erreicht haben, gieren wir nach noch mehr. Dadurch spitzt sich die Situation immer weiter zu. Irgendwann fällt uns dann auf: Es ist nichts mehr übrig. Dann sind viel Mühe und Verzicht notwendig, um wieder auf die Beine zu kommen und finanziell wieder besser dazustehen.

## Wir Pleitegeier

Im Jahr 2016 zog sich besonders durch die Textilbranche eine wahre Pleitewelle. Unter anderem meldeten die Traditionshäuser »Steilmann«, »SinnLeffers« und »Strauss Innovation« Insolvenz an. Viel schlimmer dran sind aber Start-ups. Laut dem Magazin »Horizont« waren 2016 über 3200 Neugründungen, die ab dem 1. Januar 2013 ins Rennen gegangen waren, insolvent.[18] Das soll besonders an Zahlungsausfällen und damit verbundenen Liquiditätsproblemen aus Mangel an Eigenkapital gelegen haben. Wir vermuten, dass viele Neu-Unternehmer auch noch ausstehende Steuerzahlungen hintanstellen. Einnahmen entsprechen leider immer noch nicht dem Gewinn.

**Einnahmen sind kein Gewinn!**

## Wir können nur bedingt in die Zukunft sehen

Was heute zutrifft, muss morgen schon lange nicht mehr gültig sein. Wir spekulieren zwar gerne darüber, was passieren wird, und entwickeln Strategien, um bestimmte Reaktionen auszulösen oder Ergebnisse zu erzielen. Doch keine Strategie ist wasserdicht. Die Vorzeichen ändern sich in Höchstgeschwindigkeit. Das heißt: Eine Planung, auch die finanzielle, kann niemals alle Faktoren berücksichtigen, die sie wieder über den Haufen werfen können. Was heute noch als gute Geldanlage gilt, kann sich morgen durch unendlich viele Einflüsse in ein Minusgeschäft verwandeln. Zahle ich heute für 75 Quadratmeter in guter Wohnlage eine Kaltmiete von 900 Euro, könnte das Wohnen im nächsten Jahr bereits 1000 Euro teuer sein. Kostet ein Brötchen beim Bäcker um die Ecke heute noch 60 Cent, könnte es morgen bereits einen Euro kosten.

Und was passiert, wenn die nächste Bank, die pleitegeht, nicht gerettet wird? Egal, wie sehr wir budgetieren, ob wir Geld unter die Matratze packen, im Tresor verstecken, in Goldbarren anlegen oder in Eigentum, es kann jedem passieren, dass er heute weniger im Portemonnaie hat als gestern, und morgen könnte es dann noch weniger sein. Wir wissen es nicht. Denn wir können nur sehr bedingt in die Zukunft sehen und niemals alle Faktoren berücksichtigen.

## Wir werden älter

»Wer soll unsere Rente bezahlen?« Diese Frage ist nicht unberechtigt, wenn wir uns die Bevölkerungsentwicklung in Deutschland ansehen. Eine Studie des Berlin-Instituts sagt voraus, dass um das Jahr 2030, wenn die meisten aus der Babyboomer-Generation in Rente gehen, nur etwa halb so viele Menschen ins Berufsleben einsteigen.[19] Wir lernen also besser so schnell wie möglich, wie wir mit dem demografischen Wandel umgehen. Wir sollten vorsorgen, solange noch große Beträge in die Steuerkassen fließen. Oder wir laden ganz viele Menschen in unser Land ein, die für uns die Rentenkassen füllen. Aber das ist eine andere Geschichte.

### KURZ GEFASST: WAS IST REAL AN DER ANGST VOR ARMUT?

Viele leben über ihre Verhältnisse: Obwohl wir eigentlich genau wissen, was wir zum Leben brauchen, wollen wir doch immer mehr. So geraten wir in eine Abwärtsspirale, die nur schwer zu stoppen ist. Zudem tragen Pleitewellen, Löcher in den Rentenkassen und andere unkalkulierbare Risiken in der Zukunft dazu bei, dass die Angst vor Armut mehr als nur ein bloßes Schreckgespenst ist.

# Was ist irreal an der Angst vor Armut?

## Ein Zahlungsengpass führt direkt in die Pleite

Mona hat Anfang 2017 eine neue Firma gegründet. Obwohl das im Grunde nicht so schwer ist, machte man ihr die Sache nicht gerade leicht. Wir möchten Ihnen die zahlreichen Behördengänge und konträren Aussagen von Mitarbeitern verschiedener Ämter an dieser Stelle sehr gerne ersparen. Das würde Ihnen nur unnötig Angst machen. Irgendwann hatte Mona all das – gefühlt sehr unnötige – Theater mit Eintragungen, Anmeldungen und vielem mehr erfolgreich hinter sich gebracht. Es fehlte nur noch die Steuernummer. In Deutschland darf man nämlich ohne Steuernummer auf dem Briefpapier nicht einfach so Rechnungen schreiben.

Mona fragte vorsichtig nach, ob es denn möglich wäre, hier einfach das Finanzamt zu nennen und als Steuernummer »NEU« auf dem Briefbogen zu vermerken. Inzwischen hatten sich nämlich nicht nur zahlreiche abgeschlossene und bislang nicht in Rechnung gestellte Aufträge angesammelt, sondern auch jede Menge nicht bezahlter Rechnungen. Der Notar wollte für seine Dienste entlohnt werden, die Grafiker für Briefpapier, Homepage und Ähnliches.

Jeden Tag flatterten neue Rechnungen in den Firmenbriefkasten. Der Haken: Ohne eingehendes Geld lassen sich auch keine Zahlungen durchführen. Sonst wäre die Firma ja schon pleite, bevor sie richtig losgelegt hat. Wenn Sie, wie wir beide, zu denjenigen gehören, die Schulden nun mal nicht leiden können, und auch nur fünf Euro Minus auf dem Konto Sie schon nervös machen, dann können Sie sich vorstellen, wie Monas Gemütszustand in dieser Situation war. Die Dame vom Finanzamt berief sich leider auf bestehende Gesetze und Wege, die eingehalten werden müssten. Im Ergebnis bedeutete es, dass weiterhin keine Steuernummer vorhanden war und auch die vorgeschlagene Lösung nicht akzeptiert wurde. Was passierte? Natürlich, Kaninchen-Feeling!

**Der Behördenwahnsinn!**

Mona tat das, was man nie tun sollte: Sie brüllte vor lauter Panik die Dame vom Finanzamt an und warf ihr vor, »unflexibel« zu sein. Die schien das jedoch gewohnt zu sein, denn sie blieb relativ entspannt. Mona hingegen hatte mehrere schlaflose Nächte. Eine Lösung musste so schnell wie möglich her.

Klar, Rechnungen müssen bezahlt werden. Aber wenn bereits Aufträge erledigt sind, für die nur noch die Rechnung geschrieben werden muss, dann kommt es auf ein paar Tage mehr oder weniger in der Regel nicht an. Mit ein paar Anrufen war alles erledigt. Mona erklärte allen Gläubigern, dass sie ihr Geld zwei Wochen später bekommen würden und warum. Keiner stellte sich quer.

## Erst die Arbeit, dann das Vergnügen!

Haben wir nicht alle diesen Spruch schon von Kindesbeinen an eingetrichtert bekommen? Wir beide auf alle Fälle. Der Vorteil: Wir sind diszipliniert und erledigen unsere Arbeit im vorgegebenen Zeitfenster – zumindest meistens. Der Nachteil: Wir geißeln uns manchmal auch an Wochenenden und Feiertagen, um nur ja nicht in Verzug zu geraten. Was wir dabei häufig vergessen? Wir brauchen auch ein gewisses Maß an Freizeit und Erholung!

Mona schleppt sich oft mit einem schlechten Gewissen zum Yoga und würde dort gerne ein bisschen auftanken. Doch als ob sie es riechen würden, melden sich genau dann, wenn Mona auf der Matte steht, viele Kunden. Self-fulfilling Prophecy oder einfach nur Zufall? Woran es auch immer liegt, sobald sie das Handy wieder anschaltet, blinken Infos über verpasste Anrufe, WhatsApp-Nachrichten und SMS auf. Bei Mona schaut dann das Panik-Kaninchen vorbei und sagt: »Auch du bist ersetzbar, wenn du nicht genug Service leistest!« Yoga-Erholung ade!

Ralf ist da etwas entspannter. Inzwischen schaltet er meist an Wochenenden sein Handy radikal aus, auch wenn Kollegen und Kunden mal darüber schimpfen. Er lebt sogar ganz entspannt damit, dass seine Mitarbeiterinnen alle gleichzeitig im Urlaub sind. Es wird dann zwar kurzfristig ein wenig stressiger für ihn, aber seine zwei Firmen laufen trotzdem.

Bewundernswert und vorbildlich. Denn wenn wir keine Erholungs-phasen und vor allem keine Spaßphasen haben, geht unsere Leistungs-fähigkeit zurück. Erholt arbeiten wir einfach kreativer, genauer, auf-merksamer und vor allem mit viel mehr Freude und Erfolg.


## Das Risiko von Investitionen ist zu hoch

Ja, wer investiert, geht ein Risiko ein. Ist das zu hoch? Kann sein. Meis-tens aber nur dann, wenn man sich nicht auskennt und sich auch nicht informiert. Es gibt nie völlige Sicherheit. Sicher ist jedoch: Wer nicht in-vestiert, kommt auch nicht weiter! Ein Kollege sagte uns mal: »Ich gebe alle Arbeiten, die ein anderer mindestens zu 80 Prozent so gut macht wie ich, einfach ab.« Das heißt im Klartext: Was das Arbeitskontingent angeht, stoßen wir schnell an unsere Grenzen. Finanziell ausgedrückt bedeutet das: Allein durch unsere Arbeitskraft können wir eine Sum-me X verdienen. Diese Summe kann nur durch Honoraranhebungen größer werden. Doch auch die haben in der Regel ihre Limits. Wer also wachsen möchte, braucht die Unterstützung anderer. Wer abgibt, geht zwar ein Risiko ein. Wer aber genau hinsieht und evaluiert, sieht schnell Ergebnisse und Erträge – entweder in Zahlen oder in Freizeit. Das ist beides eine Menge wert!


## Hinterher ist man immer schlauer, aber auch ärmer

Wir kennen das alle, dass wir Energie und Geld in etwas gesteckt haben, das sich nicht ausgezahlt hat. Blöd! Wir haben Geld verloren und oft auch noch eine gehörige Portion Stolz und Selbstachtung. Wir fühlen uns schlecht. Denken, dass wir rein gar nichts hinbekommen. Zudem müssen wir uns meist auch noch »kluge« Sprüche wie »Das habe ich dir doch vorhergesagt!« oder »Das konnte ja nur schiefgehen!« anhören. Erstaunlicherweise neigen wir dazu, das zu glauben, was uns andere in solchen Momenten sagen. Warum? Weil wir von Kindesbeinen an so geprägt sind – von den Eltern und von der Gesellschaft. Wir glauben eher, wenn jemand etwas Schlechtes über uns sagt, als wenn uns einer lobt. Und zu denken, dass man fast alles schaffen kann, gilt oft als arrogant und selbstverliebt. Warum eigentlich? Im Grunde ist das eine gesunde Einstellung. Wer an sich selbst glaubt, erreicht meist mehr und kann auch mit Niederlagen besser umgehen als die großen Selbstzweifler unter uns.

Wir sagen »fast alles«, weil wir uns natürlich auch mit den eigenen Grenzen auseinandersetzen müssen. Es kann nicht jeder alles erreichen – egal, wie sehr er sich das auch wünscht. Wer mit 50 anfängt, Tennis zu spielen, hat keine Chance, Wimbledon zu gewinnen. Ein ordentlicher Tennisspieler kann aber noch aus ihm werden. Und der Clou ist, dass er mit jedem Ball, den er ins Aus spielt, etwas dazulernt. Hinzu kommt: Das Tennisspielen macht ihm so viel Spaß, dass er jede Menge Energie und Lebensfreude dabei tankt. Dadurch wird sein Umgang mit anderen Menschen offener und freundlicher. Die Konsequenz? Er kann sein berufliches Netzwerk weiter ausbauen und große Erfolge einfahren. So kann es laufen, wenn man in sich selbst investiert. Und falls es schiefgeht? Dann ist das auch okay. Analysieren Sie also gerne im Nachgang. Aber zermürben Sie sich nicht. Jede Investition, auch wenn sie schlecht war, zahlt auf Ihr Erfahrungs- und Erkenntniskonto ein!

**So kann es laufen ...**


## Geiz ist geil

Erstaunlicherweise halten meist ausgerechnet die Reichen ihr Geld besonders gut zusammen. Häufig sind sie fast schon geizig. Es gibt zahlreiche Beispiele von Prominenten, die noch nicht einmal Trinkgeld geben, obwohl sie zu den Superreichen gehören und ihnen das kein bisschen wehtun würde.

Der Reichtums- und Vermögensforscher Thomas Druyen zeigt in seinen Studien, dass viele Millionäre von Angst und Panik getrieben werden und sich ständig um ihr Geld sorgen.[20] Die Glücksforscherin und Autorin Gertrud Höhler geht sogar noch weiter und sagt: »Wer arm ist, ist häufig glücklicher als der gierige Reiche!« Im Interview mit Cicero Online[21] erläutert sie die Ergebnisse von Studien zum Thema Glück. Dabei erklärt sie, dass die Bedürfnislosen hier ganz an der Spitze stünden. Warum? Weil sie nicht von Neid und Gier zerfressen seien. Denn diese Gefühle hätten etwas Zersetzendes für die Glücksfähigkeit. Wer wenig hat, hat eben auch weniger zu verlieren. Oder er schert sich einfach nicht so sehr darum.

»Geld verdirbt den Charakter!« Vielleicht ist ja auch einiges dran an diesem altbekannten Sprichwort? Jedenfalls gibt es Untersuchungen, die genau das zu beweisen scheinen: US-amerikanische Forscher veröffentlichten in den »Proceedings of the National Academy of Sciences« Ergebnisse von Experimenten, die zeigten, dass Menschen aus höheren sozialen Schichten sich oft rücksichtslos und unmoralisch verhalten. Als Grund dafür nannten die Forscher, dass Gier auf dieser gesellschaftlichen Ebene als positive Eigenschaft gewertet würde.[22] Aber auch hier gilt: Ausnahmen bestätigen die Regel!

## KURZ GEFASST: WAS IST IRREAL AN DER ANGST VOR ARMUT?

Wir konsumieren viel und gerne und die meisten von uns Mitteleuropäern haben alles, was sie zum Leben brauchen. Trotzdem wollen wir immer mehr. Unsere Gier treibt uns in die Panik und macht das Keine-Kohle-Kaninchen zu einem äußerst »beliebten« Mitbewohner. Denn das, was wir einmal besitzen, wollen wir nicht mehr hergeben. Im Gegenteil: Wir wollen es vermehren. Verstärkt wird das Ganze noch durch eine »Geiz-ist-geil«-Mentalität, die in allen Medien propagiert wird.

# Tod dem Keine-Kohle-Kaninchen

Wer permanent damit beschäftigt ist, sich Sorgen ums Geld zu machen, der kann es noch nicht einmal richtig genießen. Wir finden, dass das überhaupt keinen Sinn macht!

In unserem Bekanntenkreis haben wir einen wirklich reichen Mann – nennen wir ihn mal Richie Rich. Im Grunde hat er alles, was er immer wollte: ein Haus, ein Auto, eine wunderschöne Frau und zwei tolle Kinder. Richie Rich hat so viel Geld, dass er manchmal nicht weiß, wofür er es noch ausgeben soll. Er ist nicht wohlhabend, sondern stinkreich! Sein Geldberg wächst immer weiter – wie bei Dagobert Duck.

Genießt er seinen Reichtum? Manchmal, aber viel zu selten. Als wir einmal mit ihm in Frankfurt waren, konnten wir es nicht fassen: Richie Rich hatte tatsächlich eine Benzin-App, die ihm die günstigste Tankstelle in der Gegend anzeigte. Keiner von uns wäre auf die Idee gekommen, bis ans andere Ende der Stadt zu fahren, um beim Tanken zwei oder drei Euro zu sparen. Ganz anders aber Richie Rich. Er nahm zweimal 15 Minuten Umweg in Kauf, damit er fünf Cent pro Liter sparen konnte. Wir fragten ihn, warum er das tat, obwohl er es sich locker leisten konnte, ein bisschen mehr zu bezahlen. Doch er hatte noch nicht einmal eine Antwort parat. Seltsam kam ihm die Aktion allerdings auch nicht vor. Wir sind sicher, er macht das heute immer noch genauso. Es könnte ja sein, dass sonst das Geld irgendwann knapp wird.

**Die permanente Sorge ums Geld!**

Wahrscheinlich hat Richie Rich einen ganzen Hasenstall voller Keine-Kohle-Kaninchen, die mit glitzernden Augen darauf warten, dass er nach Hause kommt und ihnen erzählt, wie viel er heute wieder gespart hat. Vielleicht spart er tatsächlich immer wieder ein bisschen Geld bei solchen Aktionen und es ist schon was dran am Sprichwort »Kleinvieh macht auch Mist!«. Das ganze Geld nützt jedoch nichts, wenn wir uns dadurch das Leben erschweren, anstatt es uns zu erleichtern. Und wenn uns dann auch noch das Keine-Kohle-Kaninchen besucht, sieht's ganz

2. Angst vor Armut: Das Keine-Kohle-Kaninchen   101

düster für uns aus. Halten Sie es lieber mit Aristoteles Onassis, der einst sagte:

*»Wenn ein Mensch behauptet, mit Geld ließe sich alles erreichen, darf man sicher sein, dass er nie welches gehabt hat.«*

Unser Fazit? Sie erreichen viel mehr, wenn Sie Pfeil und Bogen auspacken und am nächsten Sonntag Kaninchenbraten servieren.

## SO KILLEN SIE DAS KEINE-KOHLE-KANINCHEN

### Schritt 1: Überprüfen Sie Ihre Abhängigkeiten!

Hat Ihnen schon mal ein Kunde damit gedroht, dass er nicht mehr mit Ihnen arbeiten wird, falls Sie einen Job nicht innerhalb seiner unrealistischen Frist erledigen? Wenn wir von anderen finanziell abhängig sind, machen wir oft völlig unsinnige Zugeständnisse. Selbst wenn wir von vornherein wissen, dass das nur schiefgehen kann. Wir reden uns ein, dass wir das schon irgendwie schaffen werden, und scheitern dann mit Ansage. Außerdem bekommen wir viel zu wenig Schlaf, weil wir uns das Bett mit dem Keine-Kohle-Kaninchen teilen.

Waren Sie schon mal für einen kürzeren oder längeren Zeitraum arbeitsunfähig? Ein Schauspieler kann mit einem Gipsfuß keinen Actionfilm drehen und wenn man nicht Axl Rose[23] oder Dave Grohl[24] heißt, spielt man angeschlagen und verletzt auch kein gutes Konzert. Als Schriftsteller können Sie mit zwei gebrochenen Händen schlecht tippen und mit einem schlimmen Schleudertrauma sitzt es sich auch nicht gut am Schreibtisch. Meist geraten wir genau dann, wenn wir es am wenigsten brauchen können, in solche Notsituationen.

Setzen Sie also möglichst immer auf mehrere Pferde. Eins von den Pferden ist sicherlich bereit, dem Keine-Kohle-Kaninchen einen Tritt zu verpassen. Das schafft Platz im Bett und sorgt für besseren Schlaf!

### Schritt 2: Fragen Sie sich »Was wäre, wenn ...?«

Was würden Sie tun, wenn Sie überhaupt keine Angst hätten? Würden Sie dann die Koffer packen und einfach für ein paar Monate nach New York ziehen? Oder würden Sie sich ein hübsches Häuschen auf dem Land gönnen und jeden Sonnenstrahl im Garten genießen – und das ohne Sonnenmilch mit Lichtschutzfaktor 150? Vielleicht stellen Sie auch einfach nur fest, dass es so, wie es gerade läuft, richtig toll ist? Vielleicht möchten Sie dann gar nichts mehr verändern? Auf alle Fälle richten Sie in Ihrem neuen Domizil keinen Kaninchenstall ein. Dafür ist kein Platz. Da steht ja die Sonnenliege!

### Schritt 3: Finden Sie Ihre eigene Schrittlänge!

Kein anderer Mensch und auch kein Kaninchen weiß, was Sie wirklich wollen und wie groß Ihre Schritte auf dem Weg zu Ihrem Ziel sein sollen. Lassen Sie sich also von niemandem außer Ihnen selbst sagen, dass Sie noch nicht genug erreicht, zu viel Kohle in den Sand gesetzt oder zu viel Energie in die falschen Investitionen gesteckt haben. Hören Sie auch nicht auf den ganzen anderen Blödsinn, der uns gerne eingeredet wird. Sie allein geben Ihre Schrittlänge auf dem Weg zu Ihrem Ziel vor – auch finanziell. Schauen Sie sich mal um! Das Keine-Kohle-Kaninchen haben Sie ziemlich weit abgehängt!

# 3. Angst vor Unbekanntem: Das Neu-Phobie-Kaninchen

»Neue Wege entstehen, indem wir sie gehen.«
Friedrich Nietzsche (1844–1900),
deutscher Philologe und Philosoph

Haben Sie Ihren neuen Nachbarn schon kennengelernt? Irgendwie hat der ganz schön viele Haare. Und wie der rumläuft! Ganz anders als die anderen hier im Viertel. Pelz darf man heutzutage ja wirklich nicht mehr tragen. Das weiß doch jedes Kind. Dann wohnt er auch noch ganz alleine. Eine Frau hat es mit ihm wohl noch nie ausgehalten. Das wundert uns auch gar nicht. Mit dem ist bestimmt nicht gut Kirschen essen. Nein, der passt hier wirklich gar nicht rein. Er sieht auch nicht so aus, als ob er regelmäßig seine Fenster putzt. Irgendwie hat er was Tierisches an sich – wie eine Bestie. Jetzt kommt er auch noch einfach ganz frech auf uns zu gehoppelt und stellt sich vor: »Gestatten, mein Name ist Kaninchen, Neu-Phobie-Kaninchen!«

## Das muss man erst einmal beweisen!

Waren Sie schon einmal in der Situation, dass etwas passiert ist, das Sie sich nicht erklären konnten? Vielleicht hatten Sie eine Vorahnung? Haben Sie öfter Menschen getroffen, die Sie sofort in Ihr Herz geschlossen haben, wohingegen Sie andere scheinbar grundlos abgelehnt haben? Meist bestätigte sich dieses spontane Urteil später. Keine Sorge! Sie haben keine übersinnlichen Fähigkeiten und das ist auch keine Hexerei. Diese Ahnung nennt sich Bauchgefühl. Es basiert auf Erfahrungen und auf unseren Emotionen. Wir glauben fest daran, dass unser Bauch manchmal mehr weiß, als unser Gehirn zugeben möchte, und dass es für viele Entscheidungen gut ist, auf sein Bauchgefühl zu hören.

Alles esoterischer Kram? Weit gefehlt! Der portugiesische Neurowissenschaftler António Damásio[25] hat die Trennung von Körper und Geist, den sogenannten Dualismus, den der französische Wissenschaftler und Philosoph René Descartes[26] propagierte, widerlegt. Damásio unterstreicht seine These von der **Hören Sie auf Ihren Bauch!** Untrennbarkeit von Geist und Materie unter anderem mit zwei Fallbeispielen: Bei beiden geht es um Patienten, die nach einer Erkrankung beim Treffen von Entscheidungen nicht mehr auf ihre Gefühlswelt zurückgreifen konnten. Deshalb fiel es ihnen schwer, Entschlüsse zu fassen. Mehr noch: Oft standen ihre Entscheidungen ihren eigenen Interessen entgegen.[27] Wir können uns also ruhig auch mal auf unser Bauchgefühl verlassen. Denn das bedeutet nicht automatisch, dass wir zu emotional handeln. Im Gegenteil: Das bringt uns gleich mehrere Vorteile. Wir nutzen dann unser gefühltes Wissen und es fällt uns leichter, mit Unbekanntem umzugehen und spontanere Entscheidungen zu treffen.

Neulich trafen wir eine Freundin, die plötzlich ganz anders aussah. Sie arbeitet immer viel und meist haben wir sie ziemlich müde und abgekämpft erlebt. Aber jetzt strahlte sie und ihr ganzer Körper schien Energie auszusenden. Als wir sie darauf ansprachen, war sie etwas zögerlich. Schließlich rückte sie dann doch noch mit ihrer Geschichte heraus. Allerdings befürchtete sie, dass wir das, was sie erlebt hatte, kopfschüttelnd abtun würden. Da wir das Ergebnis sehr deutlich sehen konnten, waren wir jedoch ganz offen:

Unsere Freundin hatte die Energetikerin Julia Neumeister[28] kennengelernt und sich von ihr behandeln lassen. Von ihr hat sie sich Traumata aus dem Körper ziehen lassen. Das hat unserer Freundin dabei geholfen, ihre Selbstheilungskräfte zu aktivieren. In kurzer Zeit veränderten sich ihr Körper und auch ihr Gemüt komplett. Sie hatte so viel Energie wie nie zuvor. Ihr Stresslevel war deutlich gesunken, obwohl sie noch genauso viel arbeiten musste wie bisher. Sie schien vollkommen geerdet zu sein. An diesem Abend jammerte keiner von uns über ein Zipperlein, zu viel Stress, zu wenig Erholungszeit oder Ähnliches. Wir profitierten beide von ihrer Energie, die auf uns abzufärben schien.

3. Angst vor Unbekanntem: Das Neu-Phobie-Kaninchen **105**

Damit wollen wir Ihnen nicht sagen: »Gehen Sie zu einer Energetike-rin!« Vielmehr wollen wir Sie bitten, offen für Unbekanntes zu sein und nicht von vornherein das abzulehnen, was Sie nicht verstehen oder er-klären können. Hören Sie ab und zu auch mal auf Ihren Bauch. Sie wer-den überrascht sein!

## Andere Menschen, andere Sitten

Der Umgang mit Menschen aus fremden Kulturkreisen scheint in Deutschland sehr ambivalent zu sein. Wir erinnern uns noch gut und gerne an die national und international hoch gelobte **Die Angst vor dem** »Willkommenskultur«. Zahlreiche Leute begrüßten **Fremden.** Flüchtlinge an Bahnhöfen, hießen sie willkommen und setzten sich in ihrer Freizeit dafür ein, dass die Fremden gut versorgt waren. Was der Staat nicht leisten konnte, wurde von freiwilligen Helfern übernommen. Inzwischen ist die Stimmung entweder gekippt oder die Medien berichten in einer anderen Form darüber.

Viele Engagierte haben festgestellt, dass der Clash der Kulturen nicht einfach mit gutem Willen und Einsatz zu bewältigen ist. Ferner ge-hen zahlreiche Menschen, denen der Umgang mit dem Unbekannten schwerfällt oder sogar unmöglich erscheint, auf die Straße. Sie würden ankommende Flüchtlinge am liebsten sofort wieder nach Hause schi-cken und bezeichnen sie als Schmarotzer. »Die haben alle ein Handy!« und »Die tragen die neuesten Markenklamotten!«, das hören wir immer wieder. Übrigens, die meisten Mobiltelefone haben die Flüchtlinge aus ihrer Heimat mitgebracht. Sie sind der einzige Draht, den sie noch zu zurückgelassenen oder über andere Routen geflüchteten Freunden und Verwandten haben. Andere Kontaktmöglichkeiten gibt es nicht. Ihre Kleidung stammt meist aus Spenden. Denn mit schwerem Gepäck reist es sich nicht so gut über Tausende Kilometer zu Fuß oder mit klapp-rigen Barkassen über das Meer. Viele wissen das. Dennoch verbuchen Parteien wie die AfD kräftigen Zulauf. Zudem entwickeln Leute, die die

AfD selbst nicht wählen würden, eine gewisse Sympathie und verstehen die sogenannten Protestwähler.

Ja, wir verallgemeinern hier ein wenig! Und nein, wir wollen nicht jeden Kritiker der aktuellen Einwanderungspolitik als Nazi darstellen. Wir möchten hier aufzeigen, dass Deutschland ein multikultureller Staat ist, der auch deswegen besonders ist, weil wir viele Kulturen leben und erleben können. Dass es da auch zu Schwierigkeiten und Konflikten kommt, bleibt natürlich nicht aus. Die Frage ist nur: Wie schaffen wir diese Konflikte aus der Welt und wie gehen wir grundlegend damit um, wenn Unbekanntes auf uns zukommt oder wir mit Menschen zu tun haben, deren Kultur uns fremd ist? Das Stichwort lautet: Offenheit. Ist es wirklich nötig, dass wir zunächst einmal alle Gefahren sehen und unsere Ängste besprechen, ehe wir uns zusammenraufen? Vielleicht?

**Das Stichwort lautet: Offenheit!**

Möglicherweise sind wir wirklich eine vorsichtige Nation, die gewohnt und altbewährt ihre Ängste in den Vordergrund stellt. Es mag sogar gut sein, Ängste in Entscheidungen einzubeziehen. Dabei sollten wir uns aber immer wieder vor Augen führen, dass unser Wohlstand darauf basiert, dass andere für Hungerlöhne arbeiten müssen. Unser Massenkonsum verursacht in weit entfernten Ländern verheerende Naturkatastrophen, weil ganze Landstriche, die für das ökologische Gleichgewicht einer Region wichtig sind, abgeholzt werden. Unsere Gier fördert politische Systeme und lebensbedrohliche Situationen, aus denen die Menschen heute fliehen müssen, die morgen zu uns kommen.

Sie wissen das alles natürlich schon. Wenn wir hier kritisieren, dann sprechen wir selbstverständlich immer von den anderen – von Ihren Nachbarn, Ihren Verwandten auf dem Land oder den Unbelehrbaren in Ihrem Freundeskreis. Sie persönlich essen sowieso nur noch bio und regional und kaufen nur noch ganz selten ein Schnäppchen bei einer großen Einzelhandelskette. Dann sind Sie auf jeden Fall besser als wir beide zusammen.

3. Angst vor Unbekanntem: Das Neu-Phobie-Kaninchen **107**

Die Verantwortung für den Preis, den andere Nationen für unser gutes Leben hier zahlen, müssen wir als Gesellschaft gemeinsam übernehmen. Wir wünschen uns, dass unsere Nation nicht nur dann zusammensteht, wenn es um gewonnene Weltmeisterschaften geht, und nicht nur dann Gastgeber sein möchte, wenn große Sportevents anstehen. Wir wollen, dass unsere kollektive Gastfreundschaft größer ist als unsere Angst davor, was alles Schlimmes passieren könnte, wenn wir Fremde willkommen heißen.

## Wir substituieren

Bleiben wir doch zunächst bei Menschen aus fremden Kulturen, die in unserem Land leben möchten. Wir verstehen das gut. Deutschland ist toll! Wahrscheinlich ist es menschlich, dass einige den Fremden vorsichtig und kritisch gegenübertreten und Ängste aufkommen. Wir müssen allerdings sehr umsichtig sein, damit wir nicht aus vielen kleinen Ängsten eine große machen und diejenigen zum Sündenbock ernennen, deren einzige Schuld es ist, sich eine neue Heimat in der Fremde zu suchen, weil sie zu Hause nicht mehr überleben können. Warum das so wichtig ist? Wenn wir verschiedene kleine Ängste bündeln, schaukeln sie sich schnell zu Wut hoch und entladen sich an der falschen Stelle.

Wie oft haben wir in den letzten Jahren gehört und gelesen, dass es zu wenige Kita-Plätze gibt?! Dann kommen Familien mit Kindern in unser Land und wir fürchten, dass wir nun auch noch mit ihnen um einen Kita-Platz konkurrieren müssen. Das ist natürlich auf den ersten Blick eine logische Annahme. Wer diese Angst äußert, sieht die Gefahr, aber nicht das Potenzial.

Wir wollen nicht zu politisch werden. Deswegen vereinfachen wir an dieser Stelle: Jede Familie, die nach Deutschland flieht, möchte hier auch Fuß fassen. Genau wie die Gastarbeiter, die schon früher zu uns kamen, ist die Familie bereit, dafür zu arbeiten. Beispielsweise könnte sie ein syrisches Restaurant eröffnen. Oder die Flüchtlingsfamilie könnte eine multikulturelle Kindertagesstätte betreiben, in der nicht nur auf Unterschiede hingewiesen, sondern mit Gemeinsamkeiten gearbeitet wird, um früh die Basis für ein gesundes Miteinander zu schaffen.

Viele befürchten auch, dass Flüchtlinge ihnen den Job stehlen oder dass ihretwegen die Steuern steigen. Im Grunde haben diese Menschen aber Angst, dass sie ihre Kultur, ihre Errungenschaften und ihre soziale Stellung verlieren. Diese Angst kippt schnell in Wut und Diskriminierung um. Das gilt besonders dann, wenn wir den Eindruck gewinnen, dass Gemeinden, Städte und Länder die aktuelle Lage und die drohenden Gefahren nicht in den Griff bekommen. Die Regierungen sind aber nur so gut wie ihre Bürger. Wenn die nicht mitziehen, kann Integration nicht stattfinden. »Wir sind das Volk!« Dieser Satz könnte auch dafür stehen, dass wir es gemeinsam schaffen, Unbekanntes kennenzulernen, es so zu Bekanntem zu machen und damit dem Neu-Phobie-Kaninchen einen gehörigen Tritt zu verpassen.

## Wir integrieren

Wir wissen, dass wir das können. Es gibt zahllose Beispiele dafür, dass Integration gut funktionieren kann:

Helene Fischer zum Beispiel ist der Stolz vieler Russlanddeutscher, die dem Schlagerstar genauso begeistert lauschen wie der Rest der Nation. Helene Fischer hieß ursprünglich Jelena Petrowna Fischer und wurde im russischen Krasnojarsk geboren.

Die deutsche Boxweltmeisterin Ina Menzer stammt ursprünglich aus der ehemaligen Kasachischen Sozialistischen Sowjetrepublik, kam 1990 als Spätaussiedlerin nach Mönchengladbach und wohnt inzwischen in Hamburg.

**Integration kann funktionieren!**

Wussten Sie, dass der ehemalige deutsche Nationalspieler »Cacau«, der das schnellste Tor für Deutschland in der Fußball-WM-Geschichte schoss, ein Wirtschaftsflüchtling aus Brasilien war? Er stammt aus einem armen Vorort von São Paulo und wollte, ohne auch nur ein Wort unserer Sprache zu beherrschen, in Deutschland besser leben als in seiner Heimat. Claudemir Jerônimo Barreto, so heißt er mit bürgerlichem Namen, bezahlt hier seine Steuern und ist inzwischen sogar Integrationsbeauftragter des Deutschen Fußballbundes (DFB).

**KURZ GEFASST: ANGST VOR UNBEKANNTEM: DAS NEU-PHOBIE-KANINCHEN**

»Was der Bauer nicht kennt, frisst er nicht!« An diesem Sprichwort ist wohl was dran. Allerdings möchten wir diese Erkenntnis nicht auf Landwirte beschränken. Eine große Masse von Leuten hat einen Heidenrespekt vor Dingen und Menschen, die sie nicht kennt. Bei einigen schlägt das in Angst oder sogar richtige Panik um. Das wird durch Faktoren wie mediale Angstmache, aber auch durch den Lobbyismus und die Politik begünstigt.

# Was ist real an der Angst vor Unbekanntem?

Alles, was wir nicht kennen, strengt an: Stimmt. Wir sind häufig so eingefahren oder – positiv ausgedrückt – routiniert, dass uns gar nicht mehr auffällt, wie sehr wir auf Autopilot geschaltet haben. Wir haben so viele lieb gewonnene Rituale, dass uns eine mehr oder weniger erzwungene Abweichung schwerfällt. Das hat sogar einen körperlichen Ursprung: Würde nicht ein großer Teil unseres Alltags automatisch ablaufen, wäre unser Gehirn vollauf damit beschäftigt, sich darauf zu konzentrieren, wie man Schuhe zubindet, Fahrrad fährt, sich anzieht oder Ähnliches. Vieles, was wir täglich tun, läuft also wie von selbst ab, wenn wir es einmal gelernt haben.

Sobald etwas Unbekanntes dazukommt, bedeutet das für unser Gehirn, dass es vermehrt Energie dafür aufwenden muss. Das Gehirn fährt aber lieber auf Sparflamme und meldet:»Ist mir zu anstrengend!« Also lassen wir es lieber sein und begnügen uns gerne mit dem, was wir kennen. Ein Fehler, wie wir finden. Und aus Fehlern lernt man ja bekanntlich. Denn neue Gewohnheiten zu etablieren, kostet Überwindung und Energie. Aber es lohnt sich. Versprochen!

Wenn sich etwas verändert, müssen wir uns verändern: Ja, genau so sieht das aus. Veränderungen, die in unserem Umfeld vorkommen oder uns direkt betreffen, bedeuten auch immer, dass wir uns verändern müssen. Wenn der Preis für Kaffee an unserem Stammkiosk von drei auf fünf Euro steigt, müssen wir mehr Geld dafür ausgeben. Oder wir entscheiden uns dagegen, den teuren Kaffee zu trinken. Vielleicht gehen wir auch zum Nachbarkiosk. In jedem Fall bedeutet das, dass wir mit Gewohntem brechen und unser Ritual verändern müssen.

Wenn ein Freund, der gerade noch Ihr Nachbar war, ans andere Ende der Stadt zieht, weil das Neu-Phobie-Kaninchen nebenan wohnen wollte, dann müssen Sie für gemütliche Abende in seinem Garten ab heute einen langen Weg auf sich nehmen. Oder Sie lassen es sein, freunden sich mit dem Neu-Phobie-Kaninchen an und sitzen gemeinsam mit ihm in dessen Garten. In beiden Fällen müssen Sie sich an eine Veränderung, die Sie nicht beeinflussen konnten, anpassen und Ihre gewohnten Rituale modifizieren. Das nennt man dann Leben.

## KURZ GEFASST: WAS IST REAL AN DER ANGST VOR UNBEKANNTEM?

Alles, was uns unbekannt ist, strengt an. Deshalb schaltet unser Gehirn gerne auf Autopilot. Doch: Wenn sich etwas verändert, müssen wir uns verändern. Natürlich kostet es Überwindung und Energie, neue Gewohnheiten zu etablieren. Aber es lohnt sich!

# Was ist irreal an der Angst vor Unbekanntem?

## Wir können uns keine Zuwanderung mehr leisten

Das können wir auf keinen Fall so stehen lassen. Es ist nämlich schlichtweg falsch. Vielleicht verändert sich unsere Gesellschaft. Eventuell müssen Sie tatsächlich auf etwas verzichten, damit wir weitere Zuwanderer aufnehmen können. Aber sehen Sie es positiv: Je mehr Geld unser Staat heute in Zuwanderer investiert, desto mehr werden wir in Zukunft davon profitieren, dass sie bei uns arbeiten, Sozialabgaben bezahlen und damit auch die Renten mitfinanzieren, die sonst nur auf den Schultern geburtenschwacher Jahrgänge lägen.

Und noch etwas sollten Sie positiv sehen: Wir sollten dankbar dafür sein, dass wir in Deutschland auch Musik aus anderen Ländern hören, Kunst aus fremden Regionen bestaunen und je nach Lust und Laune ein noch so exotisches Gericht bis an die Haustür geliefert bekommen und genießen können.

## Menschen sind rücksichtslos

Ja, viele von uns handeln durchaus gedankenlos, wenn es um den eigenen Komfort geht. Wir glauben aber ganz fest an das Gute in den Menschen und sind überzeugt, dass keiner anderen absichtlich schaden möchte:

Stellen Sie sich vor, dass eine Familie mit drei kleinen Kindern an Bord Ihres Urlaubsfliegers kommt und während der acht Stunden Flugzeit immer mindestens eines der Kleinen wie am Spieß brüllt. Das ist für die Eltern mindestens genauso schlimm wie für die anderen Passagiere, die gerne schlafen möchten. Ja, vielleicht wäre es besser, wenn die Familie so lange nicht fliegen würde, bis die Kinder die Reise körperlich und mental besser verkraften. Auf der anderen Seite hat genau diese Familie dringend eine Urlaubsreise nötig. Vielleicht üben Sie sich in solchen Situationen ein wenig in Toleranz? Als kinderlosem Workaholic fällt das Mona übrigens auch manchmal sehr schwer. Es gibt Tage, da rauben ihr schreiende Kinder in der Bahn den letzten Nerv, wenn sie ganz dringend einen Text fertigmachen muss oder einfach mal ein paar Minuten abschalten will. Ihre Hilfsmittel: gute Musik auf die Kopfhörer packen oder Ohrstöpsel. Die wirken Wunder!

## Das kann gar nicht sein

Es gibt tatsächlich Menschen, die zu allem, was sie nicht kennen, erst mal »Nein« sagen. Wir erzählen ihnen etwas, das wir sogar schwarz auf weiß belegen **Was wir nicht kennen, macht uns Angst.** können, und trotzdem glauben sie es nicht. Es gibt aber einen Leitsatz, den wir uns ab und zu einmal sagen müssen: Nur, weil wir etwas nicht kennen oder nicht glauben, heißt das noch lange nicht, dass es nicht real ist. Denken Sie doch nur an Photoshop. Wir behaupten jetzt mal, dass so gut wie jedes Foto, das den Titel einer Illustrierten ziert, mit Photoshop bearbeitet ist. Das heißt: Das, was wir gedruckt vor uns liegen haben, entspricht nicht wirklich der Realität. Dennoch nehmen wir die glatte, völlig faltenfreie Darstellung von Menschen ohne jede Hautunreinheit als gegeben hin. Wir machen uns sogar Gedanken, warum wir kein perfektes Sixpack haben wie das Model auf der neuen »Men's Health« oder warum unsere Taille nicht so dünn ist wie die eines Supermodels auf dem Titel der »Vogue«. Wenn uns aber jemand erzählt, dass seine Verletzung schneller ausheilte, weil er sie von einer Schamanin behandeln ließ, dann glauben wir das nicht. Genauso geht es uns mit der Geschichte von den Blumen, die besser gedeihen, seit der Hobbygärtner mit ihnen spricht, oder der Aussage, dass es jemandem schon Minuten bevor ihm ein Reifen geplatzt ist, mulmig wurde und er deshalb das Tempo gedrosselt hat. Warum? Weil uns alles, was wir nicht kennen und nicht greifen können, Angst macht. Wir finden, zu Unrecht!

3. Angst vor Unbekanntem: Das Neu-Phobie-Kaninchen

»Was ich nicht weiß, macht mich nicht heiß!« Dieses Sprichwort ist schlichtweg falsch. Wir sind von Natur aus neugierig. Als Kinder fangen wir an, die Welt zu erkunden. Dabei lassen wir uns kaum einschränken. Unsere Neugier geht sogar so weit, dass wir, sobald wir krabbeln können, zu einer echten Herausforderung für unsere Eltern und alle sonstigen Babysitter werden: Wir stecken alles in den Mund, wollen jeden Winkel der Wohnung entdecken und alles ausprobieren.

Später trainiert man uns diese Neugier ab. Doch die Klatschpresse, zahlreiche Promiformate und Reality-TV-Sendungen sind deshalb so beliebt, weil wir gerne hinter die Kulissen schauen. Uns interessiert, in welcher Besenkammer Boris Becker sein Unwesen treibt, mit wem Brad Pitt in einem Restaurant gesehen wurde, warum A-Hörnchen lieber als Single lebt und B-Hörnchen gerne morgens um fünf Uhr joggen geht. Wenn wir sagen »uns«, dann schließen wir uns beide da eindeutig mit ein. Wir lesen beide gerne beim Friseur oder in der Arztpraxis all die Magazine, die wir uns »angeblich« nie kaufen würden.

## KURZ GEFASST: WAS IST IRREAL AN DER ANGST VOR UNBEKANNTEM?

Was uns fremd ist, macht uns erst einmal Angst. Deshalb sagen viele zu allem, was sie nicht kennen, »Nein«. Doch wir Menschen sind von Natur aus neugierig. Das sollten wir nutzen, um Vorurteile abzubauen und positiv an Unbekanntes heranzugehen.

# Tod dem Neu-Phobie-Kaninchen

Wir hatten es ja bereits angesprochen: Wenn es um unseren Alltag mit allem Festgelegten und Festgefahrenen geht, nutzt unser Gehirn gerne seine gut befestigten Datenautobahnen. Die sind gute deutsche Wertarbeit und nicht so schnell kaputt zu kriegen. Schon gar nicht, wenn das Neu-Phobie-Kaninchen drüberhoppelt. Dann fahren alle ganz vorsichtig drum herum.

Um neue Datenautobahnen zu bauen oder auch nur einmal von der einen oder anderen abzubiegen, müssen wir unser Gehirn überzeugen, dass es sich lohnt. Deswegen gibt es Klappentexte bei Büchern, Trailer zu Filmen und feierliche Ankündigungen für Veranstaltungen. Wir und unser Gehirn müssen überzeugt werden. Wenn wir weniger danach suchen, warum uns etwas nicht gefallen könnte, und uns darauf konzentrieren, warum wir etwas richtig toll finden könnten, haben wir dem Neu-Phobie-Kaninchen schon mal klargemacht, dass es bitte in seinem eigenen Garten bleiben soll. Und jetzt geht's ans Eingemachte!

## SO KILLEN SIE DAS NEU-PHOBIE-KANINCHEN

### Schritt 1: Nutzen Sie Ihre Gelegenheiten!

Manchmal stellt das Leben uns vor kleinere oder größere Herausforderungen. Wir werden immer wieder mehr oder weniger harsch aus unserem Trott gerissen. Wann immer das passiert, nutzen Sie die Gelegenheit, um etwas Neues auszuprobieren. Im Supermarkt gibt es Ihre gewohnte Käsesorte nicht mehr zu kaufen? Nutzen Sie Ihre Chance, andere Sorten zu entdecken. Futtern Sie sich durch das Sortiment, bis Sie Ihren neuen Lieblingskäse entdeckt haben.

Sie haben eine Autopanne? Allein kriegen Sie Ihren Wagen nicht wieder flott und der ADAC braucht mindestens eine Stunde, bis er zu Ihnen

kommen kann. Hinter der nächsten Biegung entdecken Sie einen Bade-
see. Nutzen Sie die Gelegenheit. Springen Sie, wenn es sein muss auch in
Unterwäsche, in die Fluten und kühlen Sie Ihren Ärger ab.

Ihr Lieblingsrestaurant musste leider schließen? Dafür wird in seinen
Räumen der dritte Italiener in Ihrem Viertel eröffnet. Nutzen Sie die
Gelegenheit, besuchen Sie einen nach dem anderen. Finden Sie den
Italiener, der die besten Spaghetti Vongole zubereitet. Dem Neu-Pho-
bie-Kaninchen müssen Sie davon auch nichts abgeben. Das ist Hard-
core-Veganer.

## Schritt 2: Bringen Sie mehr Magie in Ihr Leben!

> »On some occasions, sprinkling fairy dust can help.«
> GELESEN BEI INSTAGRAM

Übersetzt heißt das: »Manchmal brauchen wir einfach ein bisschen
Magie im Leben!« Und wer, wenn nicht wir, kann für diese Magie sorgen?! Wir erwarten nicht, dass Sie nun anfangen, einen Zaubertrunk
zu mischen oder den Zauberstab zu schwingen. Sie müssen sich auch
nicht auf die Suche nach »fairy dust«, also Feenstaub, machen. Es reicht
schon, wenn Sie dem Leben mit ein bisschen mehr Offenheit entgegen-
treten und regelmäßig etwas Ihnen bislang Unbekanntes ausprobieren.
In welchen Abständen Sie das tun und wie weit Sie dabei gehen, bleibt
natürlich Ihnen überlassen. Vielleicht werden Sie ja ganz schnell süchtig
nach den vielen tollen Abenteuern, die Sie plötzlich erleben, und wollen
gar nicht mehr damit aufhören, immer wieder unbekanntes Terrain zu
erobern? Möglicherweise leben Sie innerhalb kürzester Zeit mehr im
Hier und Jetzt? Eventuell lassen Sie die magischen Momente, die das
Leben für Sie bereithält, nicht mehr ungesehen an sich vorbeiziehen,
sondern genießen diese ganz bewusst?

## Schritt 3: Werden Sie zum Menschenfreund!

Ja, wir wissen, Menschen sind manchmal ganz schön komisch. Vieles,
was anders ist, kann für uns auch ziemlich anstrengend sein. Sie fahren
in der Bahn und ein Betrunkener pöbelt lautstark in Ihrem Abteil. Das
nervt. Vielleicht sitzt aber auch nur eine Reisegruppe neben Ihnen, die
sich wahnsinnig über diesen Trip, auf den die Teilnehmer lange gespart

haben, freut. Gehen Sie nicht zu hart mit den anderen ins Gericht. Die können nichts dafür, dass Sie heute einfach nur Ihre Ruhe haben wollen. Nehmen Sie einfach das angebotene Glas Sekt und freuen Sie sich mit. Das tut gut!

Wenn wir mal ganz ehrlich sind, dann ist das Anderssein wirklich spannend. Finden Sie nicht? Dadurch, dass Menschen unterschiedlich sind, lernen wir ständig viel dazu und Neues kennen. Wäre Ihnen nicht auch manchmal langweilig, wenn Ihnen nicht mal jemand mit blauen Haaren auf der Straße entgegenkäme? Freuen Sie sich, dass derjenige eine Möglichkeit gefunden hat, sich auszudrücken, anstatt die Lust auf mehr Individualität zu unterdrücken.

Oder gehen Sie als ausgesprochener Fleischliebhaber doch mal in ein wirklich schönes veganes Restaurant. Freuen Sie sich, dass die »Pflanzenfresser« scheinbar doch etwas Ordentliches auf den Teller bekommen und nicht verhungern müssen. Vielleicht schmeckt es Ihnen wirklich gut und Sie reagieren künftig gar nicht mehr so entsetzt, wenn wieder mal ein Politiker versucht, Ihnen einen Vegetariertag in der Kantine aufzuzwingen. Dann fahren Sie nach Hause und machen Sie dem Neu-Phobie-Kaninchen klar, dass es ganz schnell wieder ausziehen soll. Sonst gibt's am nächsten Sonntag Kaninchenbraten!

# 4. Angst vor Veränderung: Das Traditions-Kaninchen

»Wenn der Wind der Veränderung weht, bauen die einen Mauern und die anderen Windmühlen.«
CHINESISCHES SPRICHWORT

Unser Leben ist stets im Wandel. Jeden Tag verändert sich etwas. Vieles bekommen wir gar nicht mit. Aber spätestens dann, wenn etwas Neues unsere Grundfesten erschüttert, schaut das Traditions-Kaninchen bei uns vorbei. Eigentlich ist es ein ganz nettes Kerlchen. Im Grunde möchte es für uns Routinen schaffen, in denen wir uns gut zurechtfinden. Das Traditions-Kaninchen füttert uns regelmäßig mit einer Portion Sicherheit und Komfort. Es lässt uns morgens in die vorgewärmten Pantoffeln schlüpfen, abends deckt es uns kuschelig zu und singt uns ein Schlaflied.

Kaninchen können singen? Ja, wir müssen es uns nur fest genug einreden. Dann hören wir unser Traditions-Kaninchen Lalelu trällern. Das Leben kann so schön sein! Bis dann aus heiterem Himmel mit Routinen gebrochen werden muss, weil eine Steuernachzahlung ins Haus steht, mit der Sie nicht gerechnet haben, weil Ihre beste Freundin im Urlaub jemanden kennengelernt hat, den sie heiraten möchte, um mit ihm unter der Sonne Kaliforniens alt zu werden. Vielleicht ist auch nur Ihr Lieblingsgericht beim Italiener um die Ecke ausverkauft und Sie fühlen sich hintergangen und vom Leben benachteiligt? Dann wird der kleine traditionsbewusste Kerl richtig zickig und tritt uns ständig in die Magengrube. Bauchschmerzen vorprogrammiert!

# Früher war alles besser!

Uns stellen sich regelmäßig die Haare zu Berge, wenn wir diesen Satz hören. Schon als wir Kinder und Jugendliche waren, kommentierten unsere Eltern oder Großeltern vieles mit diesen oder ähnlichen Worten. Sehr beliebt bei den Älteren war auch: »Früher hätten wir uns das nie getraut. Damals hatten wir noch Respekt vor unseren Eltern!« Die Wahrheit müsste lauten: »Wir haben zu Hause damals einfach nicht so viel erzählt.« Wer ist nicht schon mal nachts durchs Fenster verschwunden, um ein Ausgehverbot zu umgehen? Wurden wir erwischt, war das natürlich nicht so schön. Ob es dann aber Mitternacht oder drei Uhr früh war, spielte auch keine Rolle mehr. Also kosteten wir unsere heimliche Freiheit aus.

**Alles soll so bleiben, wie es immer war!**

Ein weiterer Klassiker: »Die Musik von heute … das ist doch keine Musik mehr!« Da sind wir nur manchmal einer Meinung mit den Generationen vor uns. Früher saßen wir vor unseren Radios mit Kassettendeck und warteten auf die neuesten Hits. Das war spannend, aber auch anstrengend. Und spätestens, wenn der doofe Moderator wieder mitten ins Lied gequatscht hat, waren wir genervt. Heute können wir fast alles, was wir hören wollen, streamen. Wir bekommen aufgrund unseres Hörverhaltens bestimmte Songs vorgeschlagen und können – ohne jemals ein Plattengeschäft von innen gesehen zu haben – immer wieder Neues entdecken. Und das ist wichtig. Denn im Radio läuft leider nur noch eine kleine, scheinbar massentaugliche Auswahl an neuer Musik.

Als wir noch jung waren, packten Großmütter gerne mal Sätze aus wie: »Wenn du nicht ordentlich putzen und kochen lernst und wenn du weiterhin so rumläufst, wirst du nie einen Mann finden. Das hätte es bei uns nicht gegeben!« Oder: »Wenn du ein richtiger Mann sein willst, musst du eine Familie gründen und immer für sie sorgen!« Ist das nicht furchtbar, wie wir von Kindesbeinen an darauf getriggert werden, wie wir sein müssen und was wir tun müssen, damit ja alles so bleibt, wie es immer war?

4. Angst vor Veränderung: Das Traditions-Kaninchen  119

Zum Glück entscheidet jede Generation für sich, was sie für richtig oder falsch hält, definiert ihre Kultur und ihre Werte immer wieder neu. Vieles, was früher als richtig galt, hat sich inzwischen relativiert. Sogar der »Knigge«, das Benimmbuch schlechthin, wurde überarbeitet. Manchmal passen wir auch einfach unsere Wertvorstellungen selbst an, weil wir älter werden, auf mehr Erfahrung zurückblicken können oder einfach nur, weil wir es wollen. Aber hin und wieder blitzt das von den Generationen vor uns Gelernte wieder durch. Wir ertappen uns manchmal selbst dabei, wie wir zumindest denken: »Ach, damals in den 80ern, das war noch Musik!« Oder: »Wir wussten noch, wie wir uns zu benehmen hatten.« Kein Wunder, dass um uns herum irgendwie alles retro ist.

**Um uns herum ist irgendwie alles retro.**

Wir scheinen die Sehnsucht nach dem, was einmal war, noch nicht ganz abgelegt zu haben. Mit dem Streaming ist auch die gute alte Schallplatte wieder in unsere Musikwelt zurückgekehrt. Unsere Handys klingeln wie einst die Telefone, die noch Wählscheiben und Hörer hatten, und in der Mode scheint es nur noch Neuauflagen der Kleider aus den verschiedenen Jahrzehnten des 20. Jahrhunderts zu geben.

Doch die Wahrheit ist: Keiner von uns möchte noch einmal eine Autopanne ohne Handy haben. Niemand will die horrenden Summen bezahlen, die ein Flug noch vor 30 Jahren gekostet hat. Und wir können uns beim besten Willen nicht mehr vorstellen, wie wir jemals ohne elektronische Straßenkarten unser Ziel erreicht haben. Nein, früher war nicht alles besser! Sie können Veränderungen ruhig annehmen. Denn sie passieren jeden Tag – ob wir wollen oder nicht.

## Traditionen sind gut und wichtig!

Unser erstes Gefühl bei dieser Aussage, die wir sehr häufig zu hören bekommen, war: »Ja, klar! Traditionen sind ja auch ein Teil unserer Identität!« Dann haben wir genauer hingeschaut und sind zum Entschluss gekommen: Es gibt sicherlich Traditionen, die wirklich wichtig für unsere Gesellschaft sind. Auch wenn Weihnachten heute bei den meisten eher ein Fest der Geschenke ist, scheint es zu unseren wichtigsten Traditionen zu gehören. An Weihnachten hat fast jeder frei und alle, die weit von zu Hause weg sind, kehren zurück in die Heimat, um gemeinsam mit der Familie zu feiern. Das ist schon ganz schön. Um Gemeinsamkeit geht es auch auf vielen traditionellen Straßenfesten oder Rummeln oder bei Klassentreffen oder Kneipenbesuchen mit alten Freunden. In den letzten Jahren gab es einen wahren Boom von Songs, die sich genau damit beschäftigt haben. So singen Revolverheld zum Beispiel »Das kann uns keiner nehmen!« – und meinen damit die Freundschaft und die guten alten Zeiten.

Kennen Sie das auch? Wenn Sie zufällig einen alten Hit im Radio hören, springen Sie in Gedanken sofort wieder mit Ihren Freunden von damals in den Baggersee, während eben dieser Song aus dem tragbaren Kassettenrekorder schallt. Oder Sie stehen im Geiste plötzlich wieder am »Fun House« oder »Terminator-Flipper« mit den Kumpels in der Kneipe. Schön war's. Aber das war gestern. Ja, Traditionen und Erinnerungen sind wichtig für uns, aber nur, wenn wir uns nicht darin verlieren. Retro in allen Ehren. Aber wir leben im Hier und Jetzt. Es gibt noch so viel Neues zu entdecken. Also, nur keine Angst!

Manchmal halten uns Traditionen nicht nur in der Vergangenheit fest, sondern sie können sogar gefährlich sein! Das gilt ganz besonders, wenn sie mit starren Regeln gleichgesetzt werden. Dann ist es höchste Zeit, dass wir bestimmte Traditionen überdenken und überprüfen, ob sie wirklich noch zeitgemäß sind. Ein leider sehr blutiges Beispiel für eine unglaublich unnütze Tradition finden wir zum Beispiel noch in Spanien: den Stierkampf. Erst 2016 hat ein spanisches Gericht ein Urteil gekippt, das die »Corridas de Toros« in Katalonien verboten hat. Das sinnlose Zurschaustellen und Töten der Tiere wurde als »immaterielles Kulturgut« anerkannt. Bis heute wird der Stierkampf vom spanischen Staat und der EU gefördert. Das Argument: Er schafft Arbeitsplätze. Im von Erwerbslosigkeit gebeutelten Spanien spielt das eine Rolle. Aber rechtfertigt das wirklich rund 40 000 sinnlos getötete Tiere, unzählige

4. Angst vor Veränderung: Das Traditions-Kaninchen  121

verletzte Menschen und eine blutige Tradition, die jeden Tierschützer in den Wahnsinn treibt? Wir glauben, nein!

## Ich gehe immer rechts!

Neulich haben wir ein kleines Experiment gestartet – mit lustigen, aber auch erschreckenden Ergebnissen:

Wissen Sie eigentlich, auf welcher Seite des Gehwegs Sie laufen? Wir haben festgestellt, dass wir eigentlich immer auf der rechten Seite gehen – wir sind ja schließlich im Straßenverkehr. Ganz bewusst haben wir versucht, mit dieser Gewohnheit zu brechen. Wenn uns jemand entgegenkam, gingen wir absichtlich auf die linke Seite des Bürgersteigs, um auszuweichen. Für uns selbst fühlte sich das ganz schön komisch an.

Noch interessanter waren aber die Reaktionen der Menschen, die uns entgegenkamen. Einige schauten uns nur leicht irritiert an, wichen dann aber auf ihre ungewohnte linke Seite aus, anstatt wie gewohnt rechts an uns vorbeizugehen. Andere hingegen blieben stur, liefen schnurstracks auf uns zu und rückten keinen Zentimeter zur Seite. Als wir im zweiten Schritt Monas Husky mit dabei hatten, der aus Sicherheitsgründen besser innen gehen sollte, wurden die Reaktionen noch skurriler. Ein älterer Herr bekam einen knallroten Kopf und lief direkt in uns rein. Als wir ihn fragten, was das sollte, meinte er nur: »Bringen Sie Ihrer Dreckstöle gefälligst bei, dass sie rechts gehen soll.« Leicht geschockt fragten wir ihn, warum das so wichtig wäre. Eine schlaue Antwort fiel ihm wohl nicht ein, denn er lief nur pöbelnd weiter. Eine Dame rückte am selben Tag immer dichter an eine Mauer heran, weil sie unbedingt rechts an uns vorbeigehen wollte. Ihr Kommentar: »Ich habe da gar nicht weiter drüber nachgedacht. Das macht man doch so! Oder nicht?!« Absurd wurde es, als ein Herr uns entgegenbrüllte: »In Deutschland haben wir Rechtsverkehr. Man sollte einen Führerschein für Fußgänger einführen!«

122  Ängste loswerden: Der Kill-dein-Kaninchen-Teil

Wollen wir wirklich so engstirnig sein? Bedeuten Regeln uns mehr als der Einsatz des gesunden Menschenverstands? Wir wünschen uns an dieser Stelle deutlich mehr Flexibilität im Kopf.


## Der Strand muss bleiben!

In Hamburg haben wir das große Glück, über mehrere Strandabschnitte an der Elbe zu verfügen, die für die Öffentlichkeit zugänglich sind. Bei jedem Sonnenstrahl läuft Groß und Klein in dieses Naherholungsgebiet, picknickt, grillt, spielt, trinkt Kaffee und tut, was man sonst noch so alles an einem Strand machen kann.

**Das schmeckt dem Traditions-Kaninchen.**

Seit einiger Zeit ist der Strand von Övelgönne zum Streitpunkt zwischen den Bürgern der Stadt geworden. Die einen rufen: »Elbstrand retten!« Sie wollen, dass alles so bleibt, wie es ist, und zwar inklusive erschwertem Zugang für Gehbehinderte, Eltern mit Kinderwagen oder Radfahrer. Die anderen haben den Claim: »Elbstrand für alle!« Diese Gruppe bemängelt, dass der Elbstrand nur schwer zugänglich ist, und fordert einen bequemen, barrierefreien Zugang zu allen Strandabschnitten. Zurzeit wird zum Beispiel der Radweg, der von Wedel bis St. Pauli führt, durch ein rund 900 Meter langes Nadelöhr geleitet, auf dem Fahrradfahrer absteigen müssen. Am Wochenende ist dieser Bereich so voller Menschen, dass man kaum zu Fuß durchkommt. Eine Variante wäre ein Elbstrandweg für alle – für Fußgänger, Radfahrer und Rollstuhlfahrer. In der Vorstellung derjenigen, die dafür eintreten, handelt es sich um eine Lösung, von der alle profitieren würden.

Die unzähligen Argumente der beiden Gruppen wollen wir hier nicht weiter vertiefen. Die Art der Argumentation ist das Interessante für uns und ein gefundenes Fressen für das Traditions-Kaninchen. Die, nennen wir sie mal »Alles-bleibt-wie-es-ist-Verfechter« liefern Argumente wie: »Ein Strand ist ein Strand. Keine Strecke für Durchgangsverkehr!« Allerdings nutzen viele den Strand bereits als Durchgangsweg, um ein freies

4. Angst vor Veränderung: Das Traditions-Kaninchen 123

Fleckchen zu ergattern oder in eines der Strandcafés zu gelangen. Für Fahrradfahrer, Rollstuhlfahrer und Kinderwagen ist der Strand jedoch nicht zugänglich. Eine echte Strandpromenade, wie es sie häufig gibt, hat das Elbufer in Hamburg an dieser Stelle bisher nicht. Ein zweites Argument lautet: »Ein Rad- und Gehweg wäre bei Hochwasser häufig überflutet!« Wir finden das nicht überzeugend. Sie? Wenn die Elbe über ihre Ufer tritt, wäre nicht nur der potenzielle Weg überflutet, sondern der gesamte Strand, sodass er für niemanden als Naherholungsgebiet dienen könnte. Besonders »interessant« finden wir die Stellungnahme der AfD-Gruppe. Sie fordert: »Finger weg von unserem Elbstrand ...«

An dieser Stelle möchten wir gerne erwähnen, dass wir den Elbstrand in seiner bisherigen Form sehr mögen und auch häufig besuchen. Wir räumen aber ein, dass es durchaus Argumente für eine Veränderung gibt. Mit dieser Meinung haben wir eine wunderbare Diskussion auf dem Blankeneser Wochenmarkt ausgelöst. Doch mittlerweile hat die Abstimmung stattgefunden und es ist klar: Die »Alles-bleibt-wie-es-ist-Verfechter« haben gewonnen. Zunächst wird es keinen Radweg geben. Diskutiert wird allerdings, ob man in zwei Jahren, sobald das wieder erlaubt ist, ein neues Bürgerbegehren startet.[29]

## KURZ GEFASST: ANGST VOR VERÄNDERUNG: DAS TRADITIONS-KANINCHEN

Traditionen haben ihren Charme, aber auch Veränderungen sollten nicht von vornherein negativ betrachtet werden. Sonst geht schnell die Flexibilität flöten. Dann klammern wir uns zu sehr an starre Regeln – selbst wenn die überhaupt keinen Sinn ergeben!

# ANGST?

#killdeinkaninchen
#kaninchentot

# Was ist real an der Angst vor Veränderung?

## Wir haben nur wenig Einfluss auf politische Veränderungen

Zwar dürfen wir wählen, aber solange wir nicht selbst in einer Regierungspartei Karriere machen, wird es mit den politischen Veränderungen schwierig. Klar, dass da immer wieder auch Frust entsteht, wenn die Damen und Herren an der Macht nicht das machen, wofür wir sie gewählt haben, oder wenn freimütig gegebene Wahlversprechen einfach so gebrochen werden. Leider gehört das zur Politik. Sie ist ein großer Kompromiss.

Die SPD-Fraktion im Bundestag hat 2016 eine Studie beim Institut für Demoskopie Allensbach in Auftrag gegeben, deren Ergebnis sie so sicher nicht erwartet hätte. Der »Spiegel« berichtet über diese interne Studie und schreibt, dass die »Stimmungslage der Bürger zurzeit von einer ungewöhnlichen Konstellation geprägt«[30] sei. Die materielle Zufriedenheit der Menschen hierzulande würde wachsen und nur wenige hätten Angst davor, ihren Job zu verlieren. Trotzdem sei der Zukunftsoptimismus drastisch zurückgegangen. Das bedeutet: Die Deutschen fürchten sich vor den Veränderungen, die unter anderem durch die Häufung der Terrorakte, internationale Krisen und die Entwicklung der inneren Sicherheit auf uns zukommen werden. Aber auf die genannten Punkte haben wir als Einzelne wenig bis gar keinen Einfluss. Wir können nur unseren Umgang damit verändern.

## Wir können schöne Erinnerungen nicht festhalten

Schöne Erinnerungen sind ganz wunderbar. Wenn wir sie als das sehen, was sie sind: Erinnerungen aus der Vergangenheit. Wir sollten erst gar nicht versuchen, sie festzuhalten. Stattdessen sollten wir lieber für neue schöne Momente in der Gegen-   **Was vorbei ist, ist vorbei!** wart sorgen. Das liegt in unserer Hand. Darauf haben wir jeden Tag Einfluss. Erinnerungen können wir zwar immer wieder im Geiste zurückholen. Sie halten uns aber eher davon ab, Neues zu schaffen und Abenteuer zu erleben, als dass sie uns in der Gegenwart wirklich weiterhelfen.

## Nichts bleibt, wie es ist!

Stimmt. Wir können nichts und niemanden festhalten. Alles verändert sich – immer und immer wieder. Alles fließt und fließt und fließt. Das Schöne dabei? Auch wir verändern uns. Wir sind ganz groß darin, uns an neue Situationen anzupassen. Die Straße ist gesperrt? Dann fahren wir eben andersrum zum Ziel! Die Bahn fährt nicht? Dann gehen wir eben wieder nach Hause oder wir fahren mit dem Bus oder dem Taxi! Der Strom fällt aus? Dann leuchten wir eben mit Kerzen! Die Heizung ist kaputt? Dann ziehen wir uns eben warm an, kriechen unter die Decke und rufen den Heizungsmonteur an! Alles also gar nicht so schlimm.

**KURZ GEFASST: WAS IST REAL AN DER ANGST VOR VERÄNDERUNG?**

Alles verändert sich – immer und immer wieder. Wir können Veränderungen nicht aufhalten. Aber wir können unseren Umgang damit verändern. Denn wir sind ganz groß darin, uns an neue Situationen anzupassen!

# Was ist irreal an der Angst vor Veränderung?

## Alles muss so bleiben, wie es ist!

Wir sind uns gar nicht sicher, ob das so gut wäre. Eins wissen wir aber genau: Die Hoffnung vieler Menschen, dass alles so bleibt, wie es ist, ist schlichtweg sinnlos. Alles ist im Wandel – permanent! Egal, wie sehr wir uns wehren, wir haben keine Chance, alles festzuhalten. Mit jeder Sekunde, die vergeht, und mit jeder Entscheidung, die wir treffen, verändern wir unser Leben. Mal im Kleinen, mal im Großen.

Stellen Sie sich vor, Sie haben gerade Ihren Traumjob angeboten bekommen. Das würde aber bedeuten, dass Sie in eine andere Stadt oder sogar in ein anderes Land ziehen müssten. Sie entscheiden sich, das Angebot nicht anzunehmen. Denn Sie mögen Ihr Leben genau so, wie es ist. Im ersten Moment denken Sie vielleicht, dass Sie damit nichts verändert haben. Im zweiten Augenblick sehen Sie aber, dass Sie Ihren Traum aufgegeben haben. Sie machen sich von nun an Gedanken darüber, ob das die richtige Entscheidung war, ob Sie dadurch nie mehr verdienen werden als heute. Und was passiert, wenn Ihr Vermieter plötzlich Eigenbedarf anmeldet oder Ihr Partner beruflich in eine andere Stadt wechselt? Auch hier gibt es sehr viele Varianten. Deshalb behaupten wir: Jede Entscheidung, die Sie fällen, sendet Energie in eine bestimmte Richtung. Und diese Energie ist die Kraft der Veränderung. Jede Wahl, die Sie treffen, setzt etwas in Bewegung, was Sie nicht aufhalten können, weil Sie nie alles in Betracht ziehen können, was eventuell passieren könnte. Kurz gesagt: Nichts bleibt, wie es ist. Alles verändert sich, ob wir das wollen oder nicht!

# Ich kann gar nichts anders machen

Wir können jeden Tag etwas in unserem Leben ändern – ohne dass es für uns eine große Umstellung bedeutet. Schon morgens, wenn wir aus dem Bett steigen, entscheiden wir, mit welchem Fuß wir aufstehen. Dann überlegen wir, ob wir den Tag mit Kaffee, Tee oder Wasser beginnen. Manchmal ist es auch ein frisch gepresster Orangensaft. Danach suchen wir aus, was wir anziehen. Keiner von uns hat doch nur ein Outfit im Schrank. Wir beschließen, welchen Weg wir zur Arbeit gehen oder dass wir zu Hause bleiben. Wir bestimmen, ob wir mit dem Fahrrad, mit dem Auto, mit der Bahn, mit Rollschuhen oder mit dem Taxi zu einer Verabredung kommen. Wir legen fest, in welchem Land wir unseren Urlaub verbringen. Diese Liste lässt sich unendlich fortführen …

Wir treffen täglich ganz viele Entscheidungen, indem wir aus Möglichkeiten wählen. Tun wir das bewusst, anstatt uns von Routinen kontrollieren zu lassen, bringen wir Stück für Stück etwas in Bewegung und sammeln neue Erfahrungen. Vielleicht stellen wir plötzlich fest, dass Tee uns viel besser aufweckt als Kaffee? Eventuell haben Sie plötzlich kein Sodbrennen mehr, weil Sie morgens keine Bananen mehr essen? Dann sparen Sie das Geld für Tabletten, die Abhilfe schaffen. Davon kaufen Sie sich eine Reisezeitung. Sie lesen einen ganz wunderbaren Artikel über New York und beschließen, dass Sie in diesem Sommerurlaub nicht nach Südtirol, sondern in die USA reisen.

# Meine Komfortzone ist bequem

Ja, wir haben alle unsere Komfortzone, aus der wir uns nicht herausbewegen wollen. Bequem mag sie sein. Aber nur, solange niemand und nichts von außen Einfluss darauf nimmt. Hier ein kleines Beispiel:

Stellen Sie sich vor, Sie liegen abends auf dem Sofa und sehen sich Ihre Lieblingsserie beim Streaming-Dienst Ihrer Wahl an. Sie haben es sich gemütlich **Plötzlich kommt die Veränderung!**

4. Angst vor Veränderung: Das Traditions-Kaninchen   129

gemacht, sich in eine Decke eingemümmelt und ein schönes Glas Rotwein in der Hand. Plötzlich erschreckt Sie ein lauter Knall vor Ihrem Fenster. Sie lassen das Rotweinglas fallen, das in tausend Stücke zerspringt, während sich der Inhalt über Ihre Decke, das Sofa und den neuen Teppichboden ergießt. Wir möchten gerne denjenigen kennenlernen, der hier ganz gelassen liegen bleibt und einfach weiterschaut. Wir behaupten einmal ganz kühn, dass Sie alle sofort aufspringen, fluchen, das Salz aus der Küche holen, um es auf die Rotweinflecken zu streuen, die Scherben wegfegen, die Decke in die Waschmaschine werfen ... Etwas hat Sie äußerst unsanft aus einer komfortablen Situation herausgeholt und Ihnen den Abend versaut.

Genau dasselbe passiert, wenn Sie in anderen Bereichen Ihres Lebens immer nur das tun, von dem Sie wissen, dass es bequem für Sie ist und keine Veränderung auf Sie zukommen kann. Dann schaut urplötzlich ein Krieger vom Stamm der großen Veränderer bei Ihnen vorbei. Er reißt Ihnen die Decke vom Sofa, sodass Sie zitternd und frierend zurückbleiben und sich nur mithilfe des Pelzes des Traditions-Kaninchens noch irgendwie aufwärmen können. Dafür müssen Sie ihm aber erst einmal das warme Fell abziehen. Keine schöne Vorstellung.

## KURZ GEFASST: WAS IST IRREAL AN DER ANGST VOR VERÄNDERUNG?

Veränderung ist immer mit Aufwand und Anstrengung verbunden. Etwas anders zu machen, erfordert Energie, die wir in eine Richtung schicken, in die sie bislang nicht geflossen ist. Das ist gerne einmal unbequem und deshalb bei vielen unpopulär. Doch wer sich traut, Veränderungen anzunehmen oder sogar herbeizuführen, wird davon profitieren.

# Tod dem Traditions-Kaninchen!

>»Alle wollen die Welt verändern, aber keiner sich selbst.«
>Leo (Lew) Nikolajewitsch Graf Tolstoi (1828 – 1910),
>russischer Erzähler und Romanautor

Jede noch so große Veränderung hat einmal klein angefangen. Um Ihre Angst vor Veränderungen und damit das alte Traditions-Kaninchen zu killen, fangen Sie am besten auch ganz klein an – und zwar bei sich selbst. Denken Sie doch einfach darüber nach, was Sie gerne anders hätten. Gar nichts? Mist, das Traditions-Kaninchen hat Sie noch fest im Griff. Anders gefragt: Gibt es irgendwas an Ihnen, das Sie gerne verändern würden? Wollten Sie vielleicht schon immer mal direkt nach dem Aufstehen ein kleines Fitnessprogramm absolvieren? Oder wollten Sie schon immer mal einen etwas längeren Geduldsfaden haben? Vielleicht planen Sie ja auch schon ewig, mal wieder ein gutes Buch zu lesen, anstatt abends vor dem Fernseher einzuschlafen? Gehen Sie es aktiv an und seien Sie die Veränderung, vor der Sie bisher immer Angst hatten.

## SO KILLEN SIE DAS TRADITIONS-KANINCHEN!

### Schritt 1: Finden Sie Neues auf alten Wegen!

Ist Ihnen schon einmal aufgefallen, wie viel Sie tatsächlich täglich oder zumindest sehr regelmäßig machen? Mona zum Beispiel geht jeden Morgen als Erstes mit ihrem Hund spazieren, macht danach Yoga und meditiert. Alles vor dem Frühstück. Ralf hingegen fährt aus Fitnessgründen immer mit dem Fahrrad von Reinbek in sein Büro nach Hamburg.

Und was machen Sie jeden Morgen? Geben Sie es zu, Sie haben Früh-Routinen. Wenn Sie täglich denselben Weg zur Arbeit nehmen, dann versuchen Sie einmal, auf dieser Strecke immer wieder etwas Neues zu entdecken. Beim Nachbarn steht tatsächlich ein Gartenzwerg vor der

Haustür. Die nette Dame, die Ihnen morgens immer entgegenkommt, hat tolle blaue Augen. Wenn Sie den Menschen, denen Sie begegnen, freundlich entgegenlächeln, bekommen Sie ein Lächeln zurück. Sie müssen gar nicht viel tun – nur genauer beobachten, die Mundwinkel ein bisschen nach oben ziehen oder anderen in die Augen sehen, anstatt aufs Handy oder auf den Boden zu starren. Sie schaffen das!

## Schritt 2: Gehen Sie bewusst neue Wege!

Indem Sie Ihre Routinen bewusst ändern, lernen Sie neue Wege zu gehen und flexibler im Kopf zu werden. Richten Sie sich zum Beispiel einmal pro Woche einen Tag der Veränderung ein. Ziehen Sie an diesem Tag zum Beispiel ein Outfit an, das ganz hinten im Schrank hängt und das Sie nie getragen haben, weil es irgendwie doch nicht so ganz zu Ihrem Stil passt. Dann beobachten Sie sich selbst und andere genau. Hat sich etwas verändert? Gehen Sie aufrechter? Bestellen Sie sich etwas zum Mittagessen, weil Sie nicht in die Kantine möchten, damit die Klamotte hinterher nicht nach Frittierfett riecht? Spricht Sie ein Freund oder eine Kollegin darauf an, wie gut Sie heute aussehen? Oder haben Sie eher das Gefühl, dass hinter Ihrem Rücken getuschelt wird?

**Der Tag der Veränderung!**

Schreiben Sie alle Beobachtungen und Erfahrungen auf. Lesen Sie diese nach ein paar Wochen wieder durch. Sie werden sich wundern, was sich alles verändert hat. Zu verlieren haben Sie nichts. Sie können nur neue Erfahrungen gewinnen. Im schlimmsten Fall bekommen Sie an den »Veränderungstagen« immer wieder Besuch vom Traditions-Kaninchen. Aber immerhin haben Sie den kleinen Teufel dann ja selbst eingeladen und sind auf ihn vorbereitet und ihm nicht hilflos ausgeliefert. Vielleicht bekommen Sie aber auch in kürzester Zeit Lust darauf, noch mehr zu verändern?

## Schritt 3: Bauen Sie Windmühlen!

Wie bereits am Anfang dieses Kapitels erwähnt, gibt es Menschen, die besser mit Veränderungen umgehen können als andere. Im Zuge der Erkenntnis, dass wir Veränderungen nicht aufhalten können, scheint es also besser, unseren Nutzen aus ihnen zu ziehen. Also, besorgen Sie sich

Holz, Steine, Farbe und alles, was Sie sonst noch brauchen. Bauen Sie die Windmühle, die durch den Wind der Veränderung angetrieben wird.

Haben Sie schon einmal von einem Kaninchen gehört, das Bauarbeiterqualitäten mitbringt? Wir auch nicht. Winken Sie dem Tier einfach aus der Höhe zu und warten Sie, dass es sich davontrollt, bevor Sie aus dem Windmühlenturm herabsteigen. Wenn Sie etwas in Bewegung bringen und aktiv verändern, sind Sie besser auf Modifikationen und Abweichungen vorbereitet, die sich Ihrem Einfluss entziehen.

# 5. Angst vor Verlust: Das Es-gehört-mir-Kaninchen

»Reich ist man nicht durch das, was man besitzt, sondern vielmehr durch das, was man mit Würde zu entbehren weiß. Und es könnte sein, dass die Menschheit reicher wird, indem sie ärmer wird, dass sie gewinnt, indem sie verliert.«
IMMANUEL KANT (1724–1804), DEUTSCHER PHILOSOPH DER AUFKLÄRUNG

Weise Worte vom Philosophen Immanuel Kant, denen wir gerne zustimmen. Leider gilt das, was für »die Menschheit« gilt, scheinbar nicht für jeden Einzelnen von uns. Wir neigen eher dazu, alles, was wir mal besitzen, nicht mehr hergeben zu wollen. Und wie ist es mit Ihnen? Wann haben Sie das letzte Mal Ihre Wohnung ausgemistet? Oder wie sehr halten Sie an Freundschaften und Beziehungen fest, die Ihnen nicht guttun? Das höchste der Gefühle ist bei den meisten von uns das Aussortieren der Freundesliste bei Facebook, falls der Social-Media-Dienst das nicht bereits über den Algorithmus erledigt hat.

Wir finden es höchst erstaunlich, dass ein Es-gehört-mir-Kaninchen in dieser vollgepackten Welt überhaupt noch einen Platz findet. Da wir aber so schlecht im Loslassen sind, schlüpft es durch jede noch so kleine Ritze in unsere Wohnungen und Häuser und geht durch jede Tür, die wir auch nur kurz öffnen. Es macht sich immer dann breit, wenn wir zweifeln.

Nerven kostet das Es-gehört-mir-Kaninchen hauptsächlich die anderen. Sie müssen sich unsere traurigen Geschichten anhören, dass unser Schrank zu voll, unser Geldbeutel zu leer oder unser Leben, aufgrund unserer furchtbaren Beziehungen, zu schlecht ist. Wahrscheinlich trägt dieses unsägliche Vieh die Verantwortung dafür, dass so viele von uns – buchstäblich oder auch nur im Geiste – zu Messies werden. Dann hätten wir wenigstens einen Sündenbock beziehungsweise -rammler, der uns dazu zwingt, immer erst einmal zu denken: »Wer weiß, wofür wir das irgendwann noch mal brauchen!«

## Ich bin, was ich besitze

Erinnern Sie sich noch an die TV-Werbung der Sparkassen aus den 1990er-Jahren? Zwei alte Schulfreunde treffen sich in einem Restaurant und zeigen

**Die Angst vor dem Statusverlust!**

sich gegenseitig »mein Haus, mein Auto, mein Boot«. Ein Wettbewerb unter Männern, den selbstverständlich der Sparkassenkunde für sich entscheidet. Aber wie kommt es überhaupt zu diesem Vergleichswunsch? Irgendjemand hat uns einmal beigebracht, dass wir nur so viel wert sind wie unser Besitz. Über Generationen hinweg haben wir eingebläut bekommen, dass wir es einmal besser haben sollen als unsere Eltern, Großeltern und Urgroßeltern. Also mussten wir »was Anständiges« lernen und immer brav unsere Hausaufgaben machen.

Mona hat bis heute nicht vergessen, wie stolz die Oma war, als sich ihre Eltern ein Haus gebaut haben. Mit glänzenden Augen stand sie vor dem Gebäude und hatte sich im Geiste schon eine Wohnung darin eingerichtet, in der sie ihren Lebensabend verbringen wollte. Groß war das Entsetzen, als Monas Eltern dieses Haus auf dem Land verkauften und eine deutlich kleinere Stadtwohnung bezogen. Aus Parkplatzmangel wurde dann auch noch der Mercedes gegen einen Kleinwagen aus Japan eingetauscht. Das kostete einige Überwindung, diesen öffentlichen Statusverlust, auch wenn er freiwillig geschah, durchzuziehen. Schließlich wurden auch Monas Eltern in der Nachkriegsgeneration anders sozialisiert. Umso erstaunlicher, dass sie es gewagt haben, etwas loszulassen, was nach außen hin eine große Bedeutung hatte.

Loslassen – das fällt vielen von uns richtig schwer. Psychologen, Therapeuten und Coaches haben alle Hände voll zu tun, um Verhaltensmuster, die auf der Bedeutung von Besitz und Status aufbauen, mit uns neu zu definieren. Fakt ist: Wenn wir nach 1945 geboren sind, hatten wir Europäer das große Glück, niemals von Zeiten der Entbehrung – wie beispielsweise in Kriegen oder großen Nöten – betroffen gewesen zu sein. Wir sprechen hier selbstverständlich nicht über einzelne familiäre Situationen, sondern betrachten die Lage gesamtgesellschaftlich. Trotzdem spielen Geld und Besitz eine große Rolle. Sie gelten als Synonym für Glück und Freiheit. Dabei machen wir uns mit dem krampfhaften Streben nach mehr eher unglücklich und abhängig. Haben wir ein bestimmtes Gehalt, wollen wir auf keinen Fall wieder weniger verdienen – egal, wie sehr wir unseren Job hassen. Viele gehen lieber unglücklich zur Arbeit, als zu riskieren, dass sie für eine Weile ohne Festanstellung dastehen. Wir haben uns viel zu sehr an unsere Ist-Situation und den aktuellen Status gewöhnt. Ein Rückschritt kommt nicht infrage. Und wirklich zufrieden sind wir auch nie. Deshalb finden wir immer wieder neue Gründe, warum wir unseren Besitz noch vermehren müssen.

## Das Leid mit dem Abgeben

Wer an einem Samstag durch die Fußgängerzone seiner Stadt geht, kennt das Gefühl, an jeder Ecke mit Bedürftigen konfrontiert zu sein, die um Nahrung oder Almosen bitten. Es nervt furchtbar, wenn du gerade bei einem Cappuccino sitzt, mit Freunden plauschst und

**Das nervt furchtbar!** dann kommt schon der dritte Rosen- oder Straßenzeitungsverkäufer oder jemand ist einfach so dreist, dass er direkt nach Geld fragt.

Jetzt tun Sie bitte nicht so irritiert. Es ist sicherlich politisch nicht korrekt, zu sagen, dass so eine Situation nervt. Aber wir sind da lieber ehrlich. Uns nervt das oft. Manchmal ignorieren wir die Fragenden sogar einfach. Unhöflich? Ja, klar! Haben wir ein schlechtes Gewissen deswegen? Natürlich! Im Grunde entspricht das nämlich nicht unserem Charakter. Da es aber inzwischen sogar verbrecherische Gruppen gibt, die Menschen ohne Arme und Beine oder kleine Kinder vorschicken, um Mitleid bei den potenziellen »Abgebern« zu wecken, weiß man manchmal einfach nicht mehr, ob man wirklich Gutes tut, wenn man einem Bettler Geld gibt. Das geht schon so weit, dass wir immer mehr abstumpfen und viele bei echtem Leid lieber wegschauen, als Karmapunkte zu sammeln. Man weiß ja nie, wer einen nur abzocken möchte. Am Jahresende wird dann zu Weihnachten ein bisschen gespendet und damit das Gewissen wieder beruhigt.

Ja, wir überziehen hier ein wenig. Aber mal ganz ehrlich, wer gibt denn jedem Obdachlosen, jedem bettelnden Drogenabhängigen und jedem sonstigen Bedürftigen was ab? Ein schottischer Freund erzählte einmal, er würde schon gar nicht mehr zu Fuß durch London laufen, weil er hinterher – ohne etwas gekauft zu haben – immer pleite wäre. »An jeder Ecke sitzt ein Schotte und ich habe so ein schlechtes Gewissen, dass es mir hier so gut geht«, erklärte er sich das. Er wollte seinen Landsleuten einfach ein bisschen helfen. Hat es ihm wehgetan? Nicht wirklich. Trotz Nationalstolz und dem Gefühl, etwas Gutes getan zu haben, fühlte er sich aber hinterher immer abgezockt.

## Immer Ärger mit dem Trinkgeld

Können Sie sich noch erinnern, wie das 2002 war, als das Geld gefühlt plötzlich nur noch die Hälfte wert war? Haben Sie damals auch geglaubt, dass Sie für alles plötzlich das Doppelte bezahlen müssen? Richtig schlimm zu spüren bekam diese **Alle wollten sparen!** Angst das Servicepersonal. Für die bedeutete die Umstellung von D-Mark auf Euro ein großes Verlustgeschäft. Über Nacht ging das Trinkgeld bei vielen um mehr als die Hälfte zurück. Alle wollten da sparen, wo sie es noch konnten: beim Trinkgeld. Wurden die Löhne der Angestellten deshalb erhöht? Natürlich nicht!

Wer selbst schon im Service gearbeitet hat, weiß genau, was es bedeutet, wenn man nicht mehr mit dem Trinkgeld rechnen kann. Genau wie die Besitzer von Restaurants, Bars und Cafés kalkulieren auch die Kellner diese freiwillige Gabe mit ein. In den USA geht das so weit, dass 15 Prozent als Minimum vorausgesetzt werden. Viele Bons enthalten sogar schon automatisch die Trinkgeldsumme für 15, 18 oder 20 Prozent, die nur noch angekreuzt oder eingetragen werden muss. Subtil, aber anscheinend nötig.

In Deutschland waren vor der Umstellung auf den Euro etwa 10 Prozent vom Umsatz üblich. Nach der Einführung rundeten viele Gäste nur noch auf die nächste Eurostelle auf. Bei 9,90 Euro schauten die Servicekräfte ganz schön dumm aus der Wäsche. Auch heute noch, mehr als 15 Jahre später, erleben wir oft, wie gering die Bereitschaft ist, für Service zu bezahlen. Das finden wir äußerst unangenehm. Denn auch eine Dienstleistung ist eine Leistung, die honoriert werden sollte. Oder wie oft tut uns Servicenehmern das Trinkgeld wirklich weh?

## Ohne dich ist alles doof

Aus lauter Angst davor, einen Menschen wieder zu verlieren, lassen sich viele von uns überhaupt nicht mehr auf Beziehungen ein. Manchmal scheint es so, als ob mit der Größe der Stadt die Größe des Beziehungs-Kaninchens wächst. Als Mona ihren

**Kennen Sie das Beziehungs-Kaninchen?**

Partner kennenlernte, sagte eine Freundin zu ihr:»Ich dachte, in der Großstadt gibt es keine guten Männer.« Erst wollte sie das vehement verneinen. Dann stellte sie fest, dass ihr Partner tatsächlich ein Landei ist und auch lange Zeit nicht so richtig viel Lust hatte, in der Großstadt zu leben.

Wir haben noch nie gehört, dass von den Single-Hochburgen Forchheim oder Bietigheim-Bissingen gesprochen wurde. Vielleicht liegt es an der großen Auswahl an Möglichkeiten, die eine Großstadt bietet, dass viele sich dort nicht mehr so richtig binden wollen? Vielleicht liegt es aber auch daran, dass vieles, was in der Stadt öffentlich ausgelebt wird, auf dem Land eher hinter verschlossenen Türen stattfindet? Vielleicht sind das aber auch alles nur Klischees?

Ein großes Problem, das in der Stadt und auf dem Land eine Rolle spielt: Wir setzen Beziehung häufig mit Besitz gleich. Oder kennen Sie etwa keine Eifersuchtsstory aus Ihrem Bekanntenkreis? Wir leider schon. Eine sehr seltsame Herangehensweise, wenn wir planen, jemanden nicht zu verlieren.

## KURZ GEFASST: ANGST VOR VERLUST: DAS ES-GEHÖRT-MIR-KANINCHEN

»Was mein ist, soll auch mein bleiben!« So könnte das Motto unserer Wohlstandsgesellschaft lauten. Abgeben und teilen? Das sind für viele echte Fremdwörter. Denn etwas oder jemanden zu verlieren, ist in unserem Lebenskonzept einfach nicht vorgesehen.

# Was ist real an der Angst vor Verlust?

## Wir können und werden verlieren

Egal, wie sehr wir es zu vermeiden versuchen, wir können es nicht verhindern, Gesundheit, Status, Geld und vieles andere zu verlieren. Es gibt so vieles, worauf wir keinerlei Einfluss haben, so sehr wir uns das auch wünschen. Wir können alles genau durchplanen und -takten. Trotzdem wird es regelmäßig anders laufen, als wir vermuten. Besser, wir stellen uns darauf ein und nehmen es, wie es kommt.

## Menschen sind kein Besitz

Wir können nicht verlieren, was wir nicht besitzen. Auch wenn es einige gibt, die das anders sehen: Liebe, Zuneigung und Loyalität kann man nicht erzwingen. Da helfen kein Geld, keine Drohungen, kein Geschrei und auch kein Geheule.

5. Angst vor Verlust: Das Es-gehört-mir-Kaninchen **139**

## KURZ GEFASST: WAS IST REAL AN DER ANGST VOR VERLUST?

Es gibt so vieles, worauf wir keinerlei Einfluss haben. Deshalb sind wir nicht davor sicher, Gesundheit, Status, Geld und vieles andere zu verlieren. Besser, wir stellen uns darauf ein und nehmen es, wie es kommt.

# Was ist irreal an der Angst vor Verlust?

## Ich bekomme nie mehr einen neuen Job

»Ich bekomme nie mehr einen neuen Job, wenn ich älter als ... Jahre bin!« Wir wollen gar nicht leugnen, dass es Berufe gibt, in denen es mit zunehmendem Alter schwieriger wird, Fuß zu fassen. Grundsätzlich stimmt diese Aussage aber nicht. Viele Firmen setzen auf erfahrene Mitarbeiter, von denen die Jüngeren profitieren können. Ein wenig Flexibilität und ganz besonders Offenheit müssen Sie sicherlich mitbringen und nicht darauf beharren, dass »man das immer schon so gemacht hat«. Das gilt jedoch für Jung und Alt gleichermaßen.

## Wenn ich meinen Status verliere, habe ich alles verloren

Sagen Sie das einmal Boris Becker. Im Alter von 17 Jahren war er der neue Held am Tennishimmel. Eine ganze Nation fieberte mit ihm, als er zum ersten Mal Wimbledon gewann, und verfolgte seine Karriere gespannt. Viele weitere Titel sollten es sein. Doch irgendwann wurde dann nur noch über private Skandale und geschäftliche Schwierigkeiten außerhalb des Tennisplatzes berichtet. Wir haben Becker ganz schnell vom Nationalhelden zum Nationaltölpel gemacht.

Ohne Boris Becker persönlich zu kennen: Wir glauben, dass ihm das sicherlich keinen Spaß gemacht hat. Bei einer Sportgala in Köln, auf der er geehrt wurde, hielt er eine beeindruckende Rede, in der er auch bemängelte, wie die Medien in Deutschland mit ihm umgesprungen sind. Trotzdem glauben wir, dass er sein Leben immer wieder neu anpackt und die Meinung, dass alles nach einigen öffentlichen Skandalen vorbei gewesen sei, bestimmt nicht teilt. Wir sagen: »Aufstehen, Krönchen richten, die Lektion lernen und weitergehen!«

## Ohne meinen Partner kann ich nicht leben

Im Grunde genommen wissen wir alle, dass es Quatsch ist, ohne einen anderen Menschen nicht leben zu können. Es kommt nur äußerst selten vor, dass die Bindung so stark ist, dass der Verlust des Partners körperliche Folgen bis hin zum Tod hat. Manchmal erlebt man tatsächlich, dass ein Ehepartner stirbt und kurz darauf der andere – ohne dass dies vorherzusehen war. In der Regel durchleben wir aber verschiedene Phasen der Trauer und gehen dann unseren Lebensweg alleine oder mit einem neuen Partner weiter.

Ja, wir waren alle schon verliebt, und für uns alle ist die Welt zusammengebrochen, als wir – mal mehr, mal weniger unerwartet – verlassen wurden. Ganz besonders dann, wenn das Ego großen Schaden genommen hat, weil wir wegen eines anderen Menschen verlassen wurden, weil wir nach Ansicht unseres Ex-Partners nicht schön genug, nicht erfolgreich genug oder nicht klug genug waren, fällt uns das Loslassen besonders schwer. Das Verlassenwerden und die Verlustangst kratzen sehr an unserem Selbstbewusstsein. Deshalb verstellen wir uns in Beziehungen häufig und koppeln unser Handeln und Verhalten an die Erwartungen des Partners. Wir stellen uns innerlich und äußerlich auf das ein, was der andere von uns möchte, weil wir Panik haben, dass er uns nicht mehr mag, uns seltsam findet oder dass wir ihn enttäuschen.

Wir garantieren Ihnen aber, dass Sie auch ohne den Menschen, den Sie sich ausgesucht haben, weiterleben werden. In manchen Fällen sogar besser als mit ihm!

5. Angst vor Verlust: Das Es-gehört-mir-Kaninchen **141**

## Der Staat verschleudert mein Geld

So richtig verstanden haben die meisten nicht, nach welchen Kriterien Staatsgelder ausgegeben und wofür unsere Steuerzahlungen verwendet werden. Wir übrigens auch nicht. Neben vielen Einsatzmöglichkeiten, die wir – meist abhängig von den eigenen Interessen – für sinnvoll halten, gibt es immer wieder Ausgaben, die uns völlig unnötig vorkommen. Warum die Autobahn genau an dieser Stelle zum zweiten Mal in fünf Jahren erneuert werden muss, bleibt ein Rätsel. Der BND soll übrigens auf Kosten des Steuerzahlers jedes Jahr Spione aus anderen Ländern aufs Oktoberfest einladen.[31] Stuttgart 21, Elbphilharmonie oder der Flughafen Berlin-Brandenburg: alles Projekte, die nicht gerade gut gelaufen sind. Ja, manchmal verschleudert der Staat offensichtlich Steuergelder. Aber eine generelle Regel daraus zu machen, ist grundlegend falsch.

### KURZ GEFASST: WAS IST IRREAL AN DER ANGST VOR VERLUST?

Ob Job, Status, Partner oder auch Steuergelder: Manche Verlustängste sind hoffnungslos überzogen. Hier heißt es: Gebieten Sie dem Es-gehört-mir-Kaninchen Einhalt. Betrachten Sie die Dinge realistisch. Lassen Sie sich nicht unterkriegen und halten Sie sich an das Motto: »Aufstehen, Krönchen richten, die Lektion lernen und weitergehen!«

# Tod dem Es-gehört-mir-Kaninchen!

»Geld allein macht nicht glücklich, aber es ist besser,
in einem Taxi zu weinen als in der Straßenbahn.«
MARCEL REICH-RANICKI (1920–2013), DEUTSCH-POLNI-
SCHER AUTOR, PUBLIZIST UND LITERATURKRITIKER

Diese Worte sollen von dem 2013 verstorbenen Publizisten Marcel
Reich-Ranicki stammen.[32] Wir sehen das ähnlich – aber nur bis zu einem gewissen Punkt. Einerseits sorgt Geld dafür, dass wir es bequemer
haben. Auf der anderen Seite lassen wir uns knechten oder knechten
uns sogar selbst, um ja nicht an Status, Einfluss oder Komfort einzu-
büßen. Manchmal gehen wir sogar so weit, dass wir deshalb unsere
persönlichen Beziehungen vernachlässigen. Das Ergebnis: Wir heulen
im Taxi und streicheln dabei das Es-gehört-mir-Kaninchen. Viel besser
ist es doch, dem Tier das Fell über die Ohren zu ziehen und warme
Handschuhe daraus zu machen – für diejenigen, die im Winter frieren
müssen.

## SO KILLEN SIE DAS ES-GEHÖRT-MIR-KANINCHEN

### Schritt 1: Misten Sie aus!

Denken Sie einmal ganz genau darüber nach, was Ihnen an Besitz
wirklich wichtig ist. Vorsicht! Wir sprechen hier auf keinen Fall
von Menschen. Denn die können Sie nicht besitzen. Schlimm
genug, dass Haustiere in Deutschland als Sache gesehen werden und damit zu den Besitztümern zählen. Klammern Sie
also bitte auch Ihre tierischen Mitbewohner aus.

Finden Sie täglich mindestens eine Sache, die Sie wegwerfen können,
ohne sich dafür etwas Neues anzuschaffen. Sie werden sich wundern,
wie gut das Ausmisten Ihnen tut und wie frei Sie sich fühlen, wenn das
Es-gehört-mir-Kaninchen sich vor Wut am liebsten in der Mitte durch-
reißen möchte wie Rumpelstilzchen im Märchen.

5. Angst vor Verlust: Das Es-gehört-mir-Kaninchen **143**

Überlegen Sie auch, was Sie in Ihrer Freizeit wirklich gerne tun. Bevor Sie etwas unternehmen, denken Sie darüber nach, ob Sie das nur machen, weil es Ihnen einen emotionalen oder monetären Vorteil verschafft oder ob Sie wirklich Lust darauf haben. Brauchen Sie Ihre täglichen Yoga-Stunden? Möchten Sie auf das sonntägliche Kaffeetrinken mit Ihrer Tante auf keinen Fall verzichten? Vielleicht bedeutet es Ihnen auch richtig viel, morgens eine Runde joggen zu gehen, um etwas Zeit für sich zu haben und die Gedanken kreisen zu lassen? Dennoch schaffen Sie das nur sehr selten, weil Sie einfach zu viel anderes machen? Wenn Sie das, was Sie nicht gerne tun, aus Ihrem Freizeitplan streichen, haben Sie plötzlich viel mehr Zeit für die Dinge, die Ihnen wirklich wichtig sind.

Haben Sie es gemerkt? Das alles kostet Sie ganz wenig bis gar nichts. Wenn Sie Angst davor haben, dass Sie sich nicht genug leisten können, halten Sie sich das vor Augen. Dann sehen Sie schnell, wie reich Sie eigentlich sind und wie viel Potenzial und Möglichkeiten Sie haben – und das ganz ohne etwas oder jemanden besitzen zu müssen.

## Schritt 2: Laufen Sie in den Schuhen der anderen!

Das Zauberwort heißt: Empathie. Wir neigen dazu, vieles nur aus unserer Perspektive zu sehen. Ein Wechsel der Blickrichtung kann aber gut dabei helfen, neue Informationen zu sammeln und die Reaktionen der anderen nachzuvollziehen. Haben Sie sich zum Beispiel mal überlegt, warum die nette Studentin in der Eckkneipe, in der Sie so gerne zu Mittag essen, kellnert? Die Wahrscheinlichkeit ist gering, dass die Eltern ihr ein absolutes Luxusleben finanzieren. Deshalb sollten Sie darüber nachdenken, ob Ihnen ein Euro Trinkgeld mehr wirklich wehtut. Vielleicht können Sie den locker entbehren, auch wenn die kellnernde Studentin die Apfelschorle verschüttet hat? Also, geben Sie sich einen Ruck und schlüpfen Sie immer wieder mal in die Schuhe der anderen!

## Schritt 3: Fühlen Sie, was das Geben auslöst!

Forscher haben es bewiesen: Das Geben macht glücklicher als das Besitzen![33] Dabei muss es noch nicht einmal Geld sein, das wir verschenken. Das glauben Sie nicht? Probieren Sie es aus. Verschenken Sie jeden Tag etwas – etwas Geld an einen Obdachlosen, ein Lächeln an die Person, die Ihnen in der Bahn gegenübersitzt, eine Blume an einen Fremden. Denken Sie sich was aus und seien Sie gerne kreativ dabei. Sie werden schnell merken, wie glücklich Sie werden und wie flott sich das Es-gehört-mir-Kaninchen von dannen schleicht. Und wenn Sie es vertrieben haben? Dann ist das der perfekte Zeitpunkt, um Champagner für Ihren gesamten Freundeskreis springen zu lassen!

# 6. Angst vor dem Scheitern: Das Schiefgeh-Kaninchen

»Es ist unmöglich zu leben, ohne bei etwas zu scheitern. Es sei denn, man lebt so vorsichtig, dass man genauso gut gar nicht gelebt haben bräuchte.«
J. K. Rowling (*1965), britische Autorin

In diesem Kapitel sprechen wir über eine ganz hinterhältige Kaninchenrasse: das Schiefgeh-Kaninchen. Es hoppelt nämlich immer genau dann zu uns rüber, wenn wir es am wenigsten brauchen können. Besonders gerne taucht es auf, wenn wir Energien und Inspirationen bündeln müssen, um auf den Erfolg zuzusteuern. Es kann sein, dass wir kurz davor sind, uns selbstständig zu machen. Wir könnten auch gerade vor der nächsten Runde Mitarbeitergespräche stehen und unser Gehalt neu verhandeln müssen. Oder wir haben einen neuen wichtigen Menschen kennengelernt und überlegen, wie nah wir den an uns heranlassen oder wie weit wir gemeinsam gehen sollen.

Genau dann sitzt das Schiefgeh-Kaninchen vor uns und schaut uns mit großen, unschuldigen Augen an. Das führt dann oft dazu, dass wir unsere Ziele und Träume erst gar nicht anpacken, weil ja immer etwas danebengehen könnte. Das Karnickel triumphiert und nimmt gemütlich auf unserem Schoß Platz, während es Grünzeug knabbert. Ja, eine Weile ist es okay, das Tier zu streicheln. Es ist ganz weich und flauschig und freut sich auch so schön darüber. Aber wir kommen dadurch unseren Träumen und Wünschen kein bisschen näher.

## Schön gespielt, aber trotzdem verloren

Immer wieder dient der Sport als wirklich gutes Beispiel dafür, wie es laufen könnte und sollte. Und leider, leider sind die Medien – beziehungsweise deren Berichterstattung über die Spiele – oft der negative Gegenpart. Wir haben selten so viele blöde Fragen gehört, wie sie Sportler mit der TV-Kamera im Gesicht beantworten müssen. Obwohl sie Stunden auf dem Platz standen **Der Sport als Beispiel.** und noch ganz rot im Gesicht vor lauter Anstrengung sind, kennen die Journalisten oft kein Erbarmen.

Nun soll es ja sprichwörtlich nur dumme Antworten und keine dummen Fragen geben. Das bitten wir an dieser Stelle zu überdenken. Natürlich läuft nicht immer alles gut und Kritik an der Spielweise Einzelner oder eines gesamten Teams zu üben, das ist durchaus legitim. Zu meckern gibt es immer etwas. Doch Defizite, die noch nicht einmal vom Sportler, Team oder Trainer analysiert wurden, direkt nach der Erbringung der Leistung abzufragen, halten wir für keine gute Idee. Da darf man sich dann auch nicht wundern, wenn das mal nach hinten losgeht:

Wir haben größtes Verständnis für Per Mertesacker und seine eindeutigen Worte im Interview mit dem ZDF nach dem Gewinn des Achtelfinals gegen Algerien bei der Fußball-WM 2014. Vom Reporter direkt nach dem Spiel danach gefragt, was das Ganze so »schwerfällig« gemacht hätte, zählte er Boris Büchler aus und fragte ihn:

> *»Glauben Sie, da ist ne Karnevalstruppe unter den besten 16 Mannschaften? Sollen wir wieder schön spielen und ausscheiden?«*[34]

Wenn sie das Spiel elegant verloren hätten, hätte hinterher kaum ein Hahn danach gekräht, dass sie wirklich hervorragend gespielt haben, dafür aber aus dem Turnier ausgeschieden sind. Wir erinnern uns: Damals wurde das DFB-Team am Ende Weltmeister.

Aber nicht nur im Fußball plagt man die Akteure nach erbrachter Leistung. Wenn wir uns manche Sportberichterstattung ansehen, wird uns ganz flau im Magen. Ein Spitzensportler gewinnt nicht die Goldmedaille? Man gratuliert höflich zum Ergebnis. Allerdings kommt man nicht umhin, zu fragen, warum es denn nicht für ganz oben auf dem Treppchen gereicht habe. Ein zweiter oder dritter Platz wird häufig kaum gewürdigt und die Athleten ärgern sich wahrscheinlich selbst am meisten darüber, wenn sie den Sieg verpasst haben. Anders sieht es aus, wenn man gar keine Medaille von ihnen erwartet hatte. Dann wird auch ein Bronze-Rang hoch gelobt. Beim nächsten Mal muss es dann aber mindestens Silber, besser noch Gold sein!

## Zu viel Verantwortung

Kennen Sie dieses Gefühl, dass Ihnen einfach alles zu viel wird? Alles lastet auf Ihren Schultern und Sie funktionieren einfach nur noch und fragen sich:»Wie soll ich das denn bewältigen?« Es ist ein heimtückisches Gefühl, weil wir uns zum einen völlig überfordert fühlen und zum anderen nicht die Kraft haben, selbst aus der Situation herauszukommen. Ein Scheitern ist aber in unserer Gesellschaft nicht vorgesehen.

Eine liebe Freundin von uns stößt sehr häufig – meist unverschuldet – an solche Grenzen. Zurzeit kämpft sie um ihre Mutter, die an Brustkrebs erkrankt ist und nicht mehr leben mag. Gleichzeitig muss ihr Mann sich einer gefährlichen Operation am Herzen unterziehen, ihr Kind kommt in die Schule und zu allem Überfluss hat sie auch noch ihren Job verloren. Wir haben keine Ahnung, wie sie das macht. Aber irgendwie geht sie immer weiter und weiter und weiter. Dabei schafft sie es aber trotzdem, noch für alle Freunde da zu sein, die sie brauchen. Ob diese Verausgabung und die Übernahme von so viel Verantwortung eine gesunde Lösung ist? Das wagen wir zu bezweifeln. Als sehr positiv empfinden wir jedoch die Art und Weise, wie sie mit dem Scheitern umgeht. Sie spricht zum Beispiel ganz offen darüber, dass sie in einer schwierigen Lage ist, bittet um Verständnis, wenn sie ihre Freundschaften im Moment nicht so sehr pflegen kann, wie sie das gerne tun würde, und fragt in konkreten Fällen nach Hilfe.

# Wahrheit ist Ansichtssache

Sicherlich haben Sie schon mal jemandem gegenübergesessen, der nicht mit der Wahrheit rausrücken wollte. Sie haben genau gemerkt, was derjenige da erzählt, ist nicht wirklich stimmig. Er stottert, redet sich raus und wirkt einfach unsicher. Manche Lügner verzögern auch ihre Antwort, indem sie um den heißen Brei herumreden. Andere wiederholen eine Frage, um Zeit für das Erfinden ihrer Lügengeschichte zu gewinnen. Es gibt aber auch gewitztere Lügner. Bei ihnen sind die falschen Aussagen für den Laien kaum erkennbar, sogenannte Mikroexpressionen verraten sie aber trotzdem.

Um die Körpersprache beim Lügen sind ganze Fernsehserien gestrickt worden – beispielsweise das US-amerikanische TV-Format »Lie to me« (auf Deutsch: »Lüg mich an«) mit Tim Roth[35] in der Hauptrolle. Sein Berufsbild: Psychologe und Experte für Körpersprache, der auf Mikroexpressionen spezialisiert ist und gemeinsam mit seinem Team Falschaussagen für seine Auftraggeber aufdeckt. Wenn es also sogar Menschen gibt, die sich professionell damit beschäftigen, Lügen zu erkennen, scheint das für unsere Gesellschaft doch immens wichtig zu sein. Aber warum lügen wir denn dann die ganze Zeit? Es wäre eigentlich ganz einfach: Wir sagen ab jetzt nur noch die Wahrheit!

Forscher erklären jedoch, dass wir ohne Lügen nicht leben könnten.[36] Beispielsweise würden wir damit das soziale Gefüge zusammenhalten. Weshalb das so ist? Wenn wir immer die Wahrheit sagen würden, hätten wir wahrscheinlich bald keine Freunde mehr. Unsere Familie wäre tödlich beleidigt und der Job oder die Kunden ziemlich sicher bald weg. Wir sehen das etwas anders. Ein paar Unwahrheiten weniger könnten nicht schaden. Die meisten Lügen kommen sowieso ans Tageslicht und wir würden uns jede Menge Ärger ersparen, wenn wir öfter die Wahrheit sagen und damit Verantwortung für unser Tun und Denken übernehmen würden. Könnten wir nicht alle viel entspannter leben, wenn wir uns selbst nicht den Stress des Lügens aufbürden, sondern den anderen ohne Zweifel an unseren Worten zurücklassen würden?

**Ohne Lügen können wir nicht leben?!**

Ja, wer die Wahrheit sagt, der kann damit scheitern oder muss zugeben, dass er gescheitert ist. Wer lügt, trägt aber dauerhaft sein Schiefgeh-Kaninchen auf der Schulter, weil die Lüge jederzeit entdeckt werden könnte. Wissen Sie, was dieses Tier wiegt? Schütteln Sie es lieber schnell ab. Stehen Sie zu Ihrem Scheitern und lernen Sie daraus!

## In guter Gesellschaft

Die Angst davor, mit einer Unternehmung baden zu gehen, hat wohl fast jeder Gründer schon einmal gespürt. Sie beruht im Vorfeld aber meist nicht auf Fakten, sondern auf alten Ängsten wie: »Ich bin nicht gut genug!« Oder: »Ich kriege sowieso nichts hin!« Doch wenn Sie selbst es sich schon nicht zutrauen, wer denn dann? Natürlich ist jede Unternehmung – so wie übrigens auch jede Beziehung – mit Risiken behaftet. Gerade für Neulinge auf einem Gebiet sind diese Risiken oft groß. Aus Unerfahrenheit hat schon so mancher Unternehmer Fehler gemacht, die zunächst einmal nicht zu reparieren waren.

Sie haben mit Ihrer Firma Pleite gemacht? Das ist mehr als unangenehm. Das wollen wir gar nicht schönreden. Wenn Sie besonders viel Pech hatten, steckt auch Ihr privates Vermögen mit drin und Sie stehen nicht nur vor einer geschäftlichen Niederlage, sondern auch noch persönlich vor dem finanziellen Bankrott. Das kann einen ganz schön runterziehen. Keiner wird sich über eine solche Situation freuen. Das ist sicher. Ihr Umgang damit ist aber die größte Herausforderung. Denn dass wir scheitern, ist keine Schande. Das passiert den Besten:

Multimilliardär Richard Branson zum Beispiel gründete sein erstes Unternehmen mit ein paar Hippie-Freunden, die von der Hand in den Mund lebten. Er war 16 Jahre alt, als er das »Student Magazine«[37] als Alternative zu den klassischen Veröffentlichungen seiner Zeit herausgab. Es konnte sich finanziell leider nicht tragen. Die Virgin-Megastores, die Branson einst gründete, gibt es in Europa auch nicht mehr. Die hatte er aber schon 2001, also lange vor der Insolvenz 2013, verkauft.

Lucinda Chambers war über 25 Jahre die Modechefin des englischen »Vogue«-Magazins. Doch 2017 wurde sie vom neuen Chefredakteur Edward Enninful, der die Zeitschrift radikal verändern wollte, entlassen. Nun hätte sie elegant zur Seite treten und so tun können, als wäre sie aufgrund der Umstrukturierungen gegangen. Stattdessen spricht sie offen in Interviews darüber, dass sie gefeuert wurde. Mehr noch: Sie erwähnt auch ihre eigenen Schwächen bei der Arbeit. Die Journalistin sagt:

>*In der Modebranche ist es nicht möglich, zu scheitern – vor allem nicht in diesen Zeiten von Social Media, in denen jeder stets ein erfolgreiches, phantastisches Leben zu haben scheint. Heute ist Scheitern keine Option mehr. Es verunsichert die Leute zutiefst. Warum können wir das Scheitern nicht auch feiern? Schließlich hilft es einem, sich zu entwickeln. Ich schäme mich nicht für das, was mir widerfahren ist.«*

Können Sie sich noch erinnern, wie Sarah Connor 2005 beim Eröffnungsspiel der Allianz Arena in München unsere Nationalhymne vergeigte? Sie sang »Brüh im Lichte …« anstatt »Blüh im Glanze …«. Dieser – nennen wir es mal – Faux-Pas war ein echter Dämpfer für die ausgezeichnete Sängerin. Ein kompletter Imagewechsel war nötig, um das Thema zum Ruhen zu bringen und Sarah Connor wieder ganz nach oben in die Charts zu katapultieren. Medien berichteten noch Jahre später über den Versinger und das ganze Land machte sich darüber lustig.

## KURZ GEFASST: ANGST VOR DEM SCHEITERN: DAS SCHIEFGEH-KANINCHEN

Scheitern ist keine Schande. Es kann immer etwas schiefgehen, weil das Gelingen immer von vielen Faktoren abhängig ist, die wir teilweise nicht steuern können. Kein Grund also, um sich deswegen selbst etwas vorzumachen. Stattdessen können wir aus allem, was schiefläuft, gestärkt hervorgehen und dazulernen.

# Was ist real an der Angst vor dem Scheitern?

## Es gibt keine Sicherheit

Wir scheitern. Täglich. Irgendwas geht immer schief, egal wie sehr wir planen, achtsam oder sorgfältig sind. Irgendetwas liegt immer außerhalb unseres Einflusses. Ein schönes Beispiel: Das Manuskript zu diesem Buch wurde bereits vor Monaten abgegeben. Als es schließlich in den Satz ging, stellte sich heraus, dass genau der Text, den wir hier gerade schreiben, fehlte. Offensichtlich war bislang keinem aufgefallen, dass ein Teil des Schiefgeh-Kaninchen-Kapitels einfach verschwunden war. Wir gingen alle Manuskripte durch. Schließlich waren wir uns sicher, diese Zeilen bereits geschrieben zu haben. Fehlanzeige! Der Text war nicht auffindbar. Was sollen wir sagen? Das blöde Schiefgeh-Karnickel hat uns mal wieder ausgetrickst. Aber wir sind drüber weggekommen.

## Shit happens

Immer wieder. Mona ist gerade zum Beispiel vier Wochen auf Gran Canaria im Arbeitsurlaub. In der ersten Tageshälfte wollte sie arbeiten. In der zweiten dann zum Yoga. Das sollte eine erholsame Zeit mit viel Sport und Meditation werden. Während sie am zweiten Tag in Flipflops die Steintreppen zu ihrem gemieteten Apartment hochlief – links und rechts je fünf Liter Wasser in der Hand –, achtete sie ganz genau darauf, wohin sie trat, um sich an den Steinkanten der felsigen Treppe nicht zu verletzen. Oben angekommen suchte sie den Wohnungsschlüssel und stieß währenddessen mit dem Fuß an einen Felsen: Zeh angebrochen. Das war's dann mit Yoga. Das Schiefgeh-Kaninchen war wohl im Gepäckraum bis auf die Insel mitgeflogen und krümmt sich jetzt vor Lachen auf der Dachterrasse.

**Da lacht das Schiefgeh-Kaninchen!**

152 Ängste loswerden: Der Kill-dein-Kaninchen-Teil

# Wir fühlen unsere Grenzen nicht

Für viele kommt das Scheitern überraschend – besonders dann, wenn es um die Gesundheit geht. Unser Körper setzt uns immer wieder Grenzen. Wir treiben es aber bisweilen so weit, bis wir einfach gar nicht mehr können. Dabei gibt es so viele erste Anzeichen: Wir schlafen nicht mehr gut. Wir kommen erst dann zur Ruhe, wenn wir uns sportlich total ausgepowert haben. Wir könnten bei jedem Telefonklingeln durchdrehen. Wir regen uns über jede Kleinigkeit auf. Wir werden kurzatmig ... Sollen wir weitermachen?

Die Liste ist so wahnsinnig lang, dass wir wahrscheinlich ein ganzes Buch nur mit den Anzeichen dafür füllen könnten, an denen wir erkennen, dass wir unsere eigenen Grenzen überschreiten. Glauben Sie uns: Wir kennen das alles – und wir machen es trotzdem. Immer wieder. Aber wir gönnen uns auch Pausen. Denn es ist richtig blöd, wenn wir permanent an uns selbst scheitern und an der Unfähigkeit, unsere Grenzen zu fühlen.

## KURZ GEFASST: WAS IST REAL AN DER ANGST VOR DEM SCHEITERN?

Unsere Kultur des Scheiterns lässt leider immer noch zu wünschen übrig. Uns fehlen die nötige Gelassenheit und die Kompetenz, das Positive im Scheitern zu sehen.

6. Angst vor dem Scheitern: Das Schiefgeh-Kaninchen **153**

# Was ist irreal an der Angst vor dem Scheitern?

## Wir scheitern alle

Nein, das ist keine gewagte These, sondern Realität. Wer etwas anderes behauptet, lügt oder weiß es einfach nicht besser. Haben Sie Kinder? Dann scheitern Sie täglich an Ihrem eigenen Anspruch, immer das Richtige zu tun und Ihren Nachwuchs perfekt zu erziehen.

Wir können noch so detailliert und wissenschaftlich fundiert geplant haben, wie wir unseren »wundervollen Quälgeistern« dieses oder jenes beibringen wollen. Die kleinen Monster machen uns regelmäßig einen Strich durch die Rechnung, weil sie zum Glück ihren eigenen Kopf haben. Spätestens wenn sie erwachsen sind, halten sie uns auch sicher das eine oder andere vor, von dem wir dachten, dass wir es vollkommen richtig gemacht haben. Waren wir sehr vorsichtig, hatten sie nicht genug Freiraum, um eigene Erfahrungen sammeln zu können. Waren wir sehr freizügig, haben wir ihnen nicht genug Grenzen gesetzt.

Kommt Ihnen das bekannt vor? Und dabei dachten Sie doch, Sie hätten alles richtig gemacht. Haben Sie nicht! Aber wissen Sie was? Das ist gar nicht so wichtig. Sie haben Ihr Bestes gegeben und müssen jetzt damit leben, dass Sie hier und da auch mal gescheitert sind. Was soll's!

## Scheitern ist kein Makel

Wer kennt das nicht: Gerade erst haben wir eine Beziehung, ein Projekt oder gar ein ganzes Unternehmen an die Wand gefahren. Wir fühlen uns schlecht, schämen uns, trauen uns kaum darüber zu reden. Dann fragen wir uns: Waren es die Umstände? War es unser Fehler oder können wir das Scheitern jemand anderem in die Schuhe schieben? Im

Grunde ist das gar nicht so wichtig. Wir können ohnehin nichts mehr daran ändern. Das Kind ist sprichwörtlich in den Brunnen gefallen. Das tut weh und hinterlässt Blessuren und Narben – körperliche, seelische oder wirtschaftliche. Aber wie sagt man so schön: Narben machen interessant. Stimmt! Denn sie erzählen unsere Geschichte pur und ohne Photoshop. Sie ist manchmal schön, manchmal grausam, manchmal anstrengend, manchmal leicht, manchmal gesteuert, manchmal geführt. Unsere Geschichte ist sehr viel, aber sie ist niemals ein Makel!

## Scheitern ist die Basis von Erfolg

Aus jedem Scheitern lernen wir. Zumindest sollten wir das. Wer also scheitert, steigert die Chance auf persönlichen Erfolg? Nicht unbedingt. Es kommt darauf an, was wir aus unserem Scheitern mitnehmen. Wer darauf vertraut, dass es beim nächsten Mal schon besser wird, hat nichts dazugelernt. Wer sich aber mit dem eigenen Scheitern auseinandersetzt und die Verantwortung dafür übernimmt, der hat eine gute Basis für zukünftigen Erfolg geschaffen. Ein Beispiel:

**So steigen Ihre Chancen deutlich!**

Sie sind mit einem Künstler, Speaker oder Tourneebegleiter liiert. Jobbedingt sind diese Menschen viel unterwegs, oft auch an Wochenenden. Die Beziehung scheitert, weil Sie nicht damit umgehen können, dass Sie oft alleine sind und Ihr Lebensrhythmus ein ganz anderer ist. Ihren nächsten Partner lernen Sie im Urlaub auf einem Kreuzfahrtschiff kennen. Er betreut Gäste auf ausgedehnten Reisen. Doch nach der Urlaubsreise müssen Sie immer noch von 9 bis 17 Uhr ins Büro.

Wie hoch schätzen Sie die Chancen ein, dass diese Beziehung gut geht? Wenn es trotzdem klappt, haben Sie aus der ersten Pleite gelernt. Sie wissen inzwischen, dass es nicht auf die Menge der gemeinsamen Zeit, sondern auf deren Qualität ankommt. Und für Ihren Alltag, den Sie allein bestreiten müssen, haben Sie einen anderen Fokus gesucht. Wenn es nicht funktioniert? Dann sollten Sie dringend Ihr Beziehungsmuster

verändern und einen Partner suchen, der nicht so viel unterwegs ist.
Dann steigen Ihre Chancen auf Erfolg deutlich. Versprochen!

## KURZ GEFASST: WAS IST IRREAL AN DER ANGST VOR DEM SCHEITERN?

Wir sollten akzeptieren, dass wir alle immer wieder scheitern müssen,
weil wir niemals alles beeinflussen können. Die gute Nachricht? Wir
können aus jedem Scheitern etwas Gutes mitnehmen. Und dann hat das
Schiefgeh-Kaninchen keine Chance, sich dauerhaft bei uns einzunisten!

# Tod dem Schiefgeh-Kaninchen!

Eines der hartnäckigsten Kaninchen in unserem Stall ist das Schiefgeh-
Kaninchen. Zum einen, weil wir bei Rückschlägen oft denken: »Ich hab's
verbockt und jetzt finden mich alle doof!« Zum anderen, weil man auch
mal den Kopf für seine Mitarbeiter oder Kollegen hinhalten muss, die
etwas vergeigt haben. Jetzt könnte man sagen: »Okay, ich mach's einfach
in Zukunft wieder selbst!« Aber das ist auch keine Lösung. Viel besser
ist es doch, in jedem Scheitern einen Weg nach vorne zu sehen und den
Stall des Schiefgeh-Kaninchens regelmäßig auszuräuchern, um wieder
einmal Erfolgserlebnisse zu schaffen.

## SO KILLEN SIE DAS SCHIEFGEH-KANINCHEN!

### Schritt 1: Führen Sie Mini-Gewohnheiten ein![38]

Wie oft haben wir uns schon etwas ganz fest vorgenommen? Spätestens jedes Jahr zu Silvester haben wir jede Menge gute Vorsätze, schicken Bestellungen ans Universum oder planen, unser
ganzes Leben von jetzt an umzukrempeln. Meistens scheitern
wir ziemlich schnell. Das liegt oft daran, dass die Ziele, die

156   Ängste loswerden: Der Kill-dein-Kaninchen-Teil

wir uns gesetzt haben, zu groß sind. Es gibt wirklich nur wenige, die von heute auf morgen problemlos mit dem Rauchen aufhören, 20 Kilo abnehmen oder täglich topfit um sechs Uhr früh aus den Federn springen. Der Grund dafür ist einfach, dass wir mental hauptsächlich auf festgefahrenen Datenautobahnen unterwegs sind. Es dauert lange, um Gewohnheiten zu etablieren. Aber wenn sie sich erst einmal festgesetzt haben, werden wir sie nicht mehr los. Bedanken Sie sich beim Traditions-Kaninchen!

Erfolgsgeschichten schreiben sich nicht von selbst. Doch mit kleinen Schritten ist der Weg dahin leichter. Wenn Sie zum Beispiel dreimal die Woche ins Fitness-Studio wollen, brechen Sie den Vorsatz auf die kleinstmögliche Aktivität herunter: Nehmen Sie sich einfach vor, dass Sie jeden Tag Ihre Sporttasche packen oder Ihre Trainingsklamotten täglich anziehen. Meistens sind Sie dann sowieso schon im Tun – und der Weg zum Sport ist gar nicht mehr so weit, wie er vorher schien. Das Schöne ist: Sie können eigentlich nicht scheitern. Selbst wenn Sie nur die Tasche gepackt haben, haben Sie ein Erfolgserlebnis. Das animiert zu mehr.

## Schritt 2: Scheitern Sie und sprechen Sie darüber!

Kennen Sie die FuckUp Nights?[39] Ursprünglich stammt das Format aus Mexiko. Inzwischen gibt es diese Abende rund ums Scheitern in unzähligen Ländern und Städten. Hier treffen sich Gescheiterte und einige von ihnen sprechen darüber, wie grandios sie vom Leben auf die Hörner genommen wurden. Warum? Weil geteiltes Leid bekanntlich halbes Leid ist und weil wir aus den Fehlern der anderen sehr viel lernen können. Melden Sie sich einfach zur nächsten FuckUp Night in Ihrer Nähe an oder veranstalten Sie gleich eine eigene Nacht des Scheiterns. Sie haben nichts zu verlieren. Aber Sie können sich mit Menschen austauschen, denen es wie Ihnen geht, und viel dazulernen.

## Schritt 3: Machen Sie aus Ihrem Scheitern eine Erfolgsstory!

Denken Sie sich in die Fehler, die Sie begangen haben, ganz genau hinein. Überlegen Sie, wie Sie es besser hätten machen können. Malen Sie sich gerne auch mehrere Varianten aus. Denn es gibt nicht nur eine

»richtige« Möglichkeit. Der US-amerikanische Kommunikations- und Motivationscoach Dale Carnegie[40] sah es folgendermaßen:

»*Entwickeln Sie Erfolg aus Fehlern. Entmutigung und Scheitern sind zwei der sichersten Sprungbretter zum Erfolg.*«

Besser hätten wir es auch nicht ausdrücken können.

# 7. Angst vor Krankheit und Tod: Das Apotheken-Umschau-Kaninchen

»Das Leben ist voller Leid, Krankheit, Schmerz – und zu kurz ist es übrigens auch ...«
Woody Allen (*1935), amerikanischer Komiker, Filmregisseur, Autor, Schauspieler und Musiker

Mit diesem Satz spricht Woody Allen das aus, was die Charaktere in vielen seiner Filme denken und leben. Diese ausgemachten Neurotiker stellt er in der Regel selbst dar. Übrigens: Man munkelt, Woody Allen sei im echten Leben genauso wie in seinen Filmrollen. Das können wir nicht belegen. Wir hatten bisher noch nicht das Vergnügen, ihn kennenzulernen. Wir stellen uns aber die Frage: »Sind wir nicht alle ein bisschen neurotisch?« Wir jammern über das Wetter, über unsere Zipperlein und schimpfen, dass der Typ auf dem Fahrrad schon wieder bei Rot über die Ampel gefahren ist. Der Rock der Nachbarin ist so kurz, dass er eigentlich nur ein breiter Gürtel sein kann, und ihr Mann nervt jeden Samstag mit dem Laubbläser. Was für eine Lärmbelästigung! Auf die Bahn kann man sich nicht mehr verlassen. Die hat sowieso immer Verspätung und mit dem Auto steht man alle paar Kilometer im Stau. Ein hartes Schicksal! Außerdem war ja klar, dass es ausgerechnet heute in Strömen regnet, wo wieder einmal Yoga im Park auf dem Plan stand.

Ja, wir haben es ganz schön schwer im Leben. Wenn man uns Menschen manchmal zuhört, könnte man meinen, dass unser Leben nahezu unerträglich ist. Erstaunlicherweise hängen wir aber trotzdem sehr daran. So sehr, dass wir bei jedem kleinen Zipperlein Besuch vom Apotheken-Umschau-Kaninchen bekommen. Dieser Rufname sagt Ihnen nichts? Wir sind ganz sicher, dass Sie diesen unangenehmen Vertreter der Gattung Panik-Kaninchen schon getroffen haben. Haben Sie

**Sind wir nicht alle ein bisschen neurotisch?**

nicht auch erst neulich gelesen, dass wir bei Kopfschmerzen vorsichtig sein müssen? Die können ganz schreckliche Ursachen haben. Spätestens beim dritten Mal innerhalb von drei Wochen könnten das Hirnblutungen sein oder gar ein Tumor! Könnte es nicht sein, dass der neue Leberfleck bereits das erste Anzeichen für Hautkrebs ist? Und im Fernsehen haben sie gerade erst eine Reportage ausgestrahlt, in der berichtet wurde, dass jetzt auch in Norddeutschland bösartige Zecken leben. Eine ältere Dame musste nach einem Spaziergang mit ihrem Hund, bei dem sie von einem dieser »Monster« gebissen worden war, halbtot ins Krankenhaus eingeliefert werden …

Bei all dem, was Sie gerade gelesen haben, und bei vielem mehr, flüstert Ihnen das Apotheken-Umschau-Kaninchen seine Spekulationen ins Ohr. Dabei sind Sie doch ansonsten ganz vernünftig. So schnell wirft Sie doch EIGENTLICH nichts aus der Bahn. Oder?

Ja, es gibt auch diejenigen, die jegliche körperlichen Probleme als nichtig abtun, niemals eine Arztpraxis von innen sehen und sich auch noch mit 40 Grad Fieber ins Büro schleppen. Wenn Sie dann noch nicht einmal glauben, dass das Flugzeug, in das Sie einsteigen, abstürzen könnte, der Turm, auf dem Sie gerade stehen, gleich einstürzt oder dass dieser Lkw mit lauter Vermummten darin verdächtig schnell auf Sie zugerast kommt … Wenn Sie einfach gar nichts aus der Ruhe bringt und Sie auch nach nur drei Stunden Schlaf wie das blühende Leben aussehen und mit guter Laune durch den Tag schweben, dann können Sie dieses Kapitel getrost überspringen. Aber alle, die mit jedem Jahr, das sie älter werden, morgens mit einem anderen Zipperlein aufwachen, und besonders all jene, die sich von den zahlreichen Horrormeldungen in den Medien gerne aus der Bahn werfen lassen, bleiben bitte dran. Wir kämpfen gemeinsam gegen das Apotheken-Umschau-Kaninchen. Versprochen!

# Wenn wir noch mal 20 wären

Komischerweise sind es häufig diejenigen, die am meisten mit dem Leben hadern, bei denen das Apotheken-Umschau-Karnickel am längsten wohnt. Wie oft haben wir in letzter Zeit den Satz gehört: »Ich bin ja auch nicht mehr die oder der Jüngste!« Das ist dann die Ausrede dafür, dass wir keinen Spaß mehr haben und schon gar keine Abenteuer mehr angehen dürfen. Auch beliebt: »Wenn ich noch mal 20 wäre …« Wir haben uns angewöhnt, zu entgegnen: »Was wäre dann?« Meistens starren wir dann in verdutzte Gesichter. Der eine oder die andere antwortet aber auch mit so schönen Sachen wie: »… dann würde ich jeden Freitag mit meinen Kumpels in die Disco gehen!« Oder: »… dann würde ich meinen Job kündigen und ein Jahr durch Afrika wandern.«

UND WARUM MACHEN SIE ES DANN NICHT?

Okay, für die Afrikareise müssten Sie ein wenig planen. Kurz nach der Geburt Ihres Kindes ist wahrscheinlich nicht der beste Zeitpunkt. Eventuell sprechen Sie sich auch besser mit Ihrer Familie und Ihren Freunden ab, wer den Hund so lange hütet. Und ein paar Impfungen sind sicherlich auch notwendig. Doch statt loszulegen und schon mal die nötige Planung anzugehen, jammern Sie lieber darüber, dass Sie sich den Traum damals mit 20 nicht erfüllt haben. In jungen Jahren hatten Sie nämlich keine Kohle für so eine ausgedehnte Reise. Heute finden Sie Ausreden dafür, warum Sie den Trip nicht unternehmen – beispielsweise, weil Sie sich nicht trauen oder weil die anderen das komisch fänden.

**Wir verraten Ihnen ein Geheimnis!**

Wir verraten Ihnen ein Geheimnis: Wenn diese Reise zu Ihren größten Träumen gehört, dann werden Sie in zehn Jahren sagen: »Hätte ich das mal vor zehn Jahren gemacht. Damals tat mir noch nicht jeden Morgen die Hüfte weh und ich konnte noch 20 Kilometer zu Fuß gehen, ohne danach zwei Tage Erholung zu brauchen!« Wieder zehn Jahre später leiden Sie dann auch noch unter starkem Bluthochdruck, weil Sie sich so sehr darüber ärgern, dass Sie sich Ihre Träume nicht erfüllt haben.

7. Angst vor Krankheit und Tod: Das Apotheken-Umschau-Kaninchen  161

Übrigens: Der Discobesuch an Freitagen lässt sich sicherlich einfacher realisieren. Wenn Sie das gerne tun und es Sie glücklich macht, dann sehen wir keinen Grund, warum Sie dafür 20 sein müssten? Sie etwa?!

## Zu viel Information!

> »Je mehr Informationen wir aufnehmen, desto weniger verstehen wir. Unser Gehirn mutiert zu einem vollgesogenen Schwamm und ertrinkt so in sich selbst.«
> MANFRED POISEL (*1944), DEUTSCHER WERBETEXTER

An dieser Stelle möchten wir Ihnen zeigen, warum das Panik-Kaninchen dieses Kapitels nach der beliebten »Apotheken Umschau« benannt wurde. Wir erzählen Ihnen dazu eine zu 100 Prozent wahre Geschichte:

Einer unserer Freunde liebt seine Oma abgöttisch und fährt jeden Morgen vor der Arbeit zu ihr, um mit ihr gemeinsam zu frühstücken. Wir finden, das ist eine wunderbare Art, den Tag zu beginnen. Der Haken allerdings ist, dass die beiden sich ein Ritual angewöhnt haben: Sie lesen gemeinsam die »Apotheken Umschau«!

**Die Sache mit der Oma.**

Immer, wenn Oma sich ihre Medikamente abholt, bringt sie das Ratgeber-Blättchen mit nach Hause. Gemeinsam lesen sie dann jeden Tag einen anderen Artikel, der auf Symptome aufmerksam macht, auf neue Erreger hinweist oder neue Epidemien voraussagt. Ganz aktuell klären die Redakteure über Krampfadern auf und zeigen, dass es sich dabei laut Statistik um eine Volkskrankheit handelt und fast jeder zumindest mit Besenreisern oder ähnlichen Anfangssymptomen zu kämpfen hat.

Woher wir das alles wissen? Weil dieser Freund – nennen wir ihn mal Marc – jeden Nachmittag zu seiner Frau nach Hause kommt und neue Symptome für die Krankheiten aufweist, über die er morgens etwas gelesen und die er dann mit seiner Oma ausdiskutiert hat. Gerade erst waren es Krampfadern. Marc verbrachte zu Hause eine geschlagene

Stunde damit, seine Beine abzutasten. Und jedes auch nur leicht nach außen hin sichtbare Äderchen war ein Beweis dafür, dass er an der Venenerkrankung litt.

Neuerdings kommt es leider ganz dicke für Marc. Jetzt ist er ganz sicher, dass er unter einem Gehirntumor leidet. Seit Wochen hat er schließlich Kopfschmerzen, die er sich nicht erklären kann, und übel ist ihm auch. Wir vermuten, das ist so, seit er die »Apotheken Umschau« gelesen hat. Gerne möchten wir erwähnen, dass sich in den letzten Jahren noch nie eine seiner Selbstdiagnosen bestätigt hat. Auch der Gehirntumor ist ein reines Hirngespinst. Allerdings geht Marc auch selten zum Arzt. Die machen ihn – nach eigener Aussage – kränker, als er eigentlich ist.

## Wir Hypochonder!

> »Immerkrank stirbt nicht.«
> DEUTSCHES SPRICHWORT

Wir möchten so gerne glauben, dass die Botschaft dieses Sprichworts der Grund dafür ist, dass es so viele Hypochonder gibt. Der Glaube kann zwar sprichwörtlich Berge versetzen, aber wir liegen höchstwahrscheinlich trotzdem falsch. Denn jeder zehnte Deutsche soll Angst davor haben, krank zu sein.[41] Ganz neu kommt nun auch der Trend zur »Lebensmittelhypochondrie« hinzu. Betroffen sind all jene, die sich einreden, unter Glutenallergie, Laktoseintoleranz oder ähnlichen Nahrungsmittelunverträglichkeiten zu leiden. Das ist nämlich hip! Ja, es gibt Menschen, die bestimmte Lebensmittel nicht vertragen. Zu ihnen haben sich aber diejenigen hinzugesellt, die das einfach nur schick finden oder die dazugehören wollen. Manche Ärzte tun ihr Übriges, um das zu unterstützen. Hier ein geradezu typisches Beispiel:

Monas Freundin Susanne liebt Erdbeertorte. Für eine cremige Schnitte, die mit einer roten Frucht garniert ist, lässt sie alles stehen und liegen. Auf der anderen Seite hatte sie in den letzten Jahren immer weniger Zeit, um Sport zu treiben. Deshalb hat ihre Liebe zu der sahnehaltigen

Speise sie etwas in die Breite gehen lassen. Grundsätzlich wäre das gar nicht schlimm. Aber jeder weiß, wie frustrierend es sein kann, wenn einem die Lieblingsjeans nicht mehr passen oder der Blazer neuerdings eine Nummer größer gekauft werden muss. Die Freundin hat tatsächlich einen Arzt gefunden, der ihr erklären konnte, was ihre Gewichtszunahme in Wirklichkeit verursacht hat. Es waren nicht etwa die regelmäßig konsumierten Erdbeertorten. Nein, es lag daran, dass sie unter einer Glutenunverträglichkeit leidet. Drei Tage hat es gedauert, bis Monas Freundin eine Bäckerei fand, die ihre Lieblingsleckerei auch glutenfrei herstellt. Abgenommen hat sie seither allerdings kein Gramm. Im Gegenteil!

Bei ihr können wir das als Spleen abtun. Ihr Mann hingegen ist ein ausgemachter Hypochonder – und zwar einer der schlimmsten Sorte, der sogar reale körperliche Symptome spürt.

Erstaunlich ist, dass Susanne und ihr Mann Hans erfolgreiche Geschäftsleute in verschiedenen Bereichen sind. Sie arbeitet im Wohnungsbau, er für eine weltweit tätige Stiftung. Beide sind überdurchschnittlich intelligent. Hans hat sogar gerade einen riesigen Karriereschritt gemacht. Doch anstatt das ausgiebig zu feiern, bekam er erst einmal Herzschmerzen. Kurz zusammengefasst:

Hans ist klug, sieht gut aus, ist sehr erfolgreich und leitet in Zukunft einen eigenen Bereich bei einer internationalen Stiftung. Er hat sich den neuen Job seit Jahren gewünscht. Hand aufs Herz, es gibt keinen Besseren für die Position. Er reagiert mit großer Freude, bekommt aber gleichzeitig Schnappatmung! Es liegt nicht daran, dass er Panik vor dem neuen Job hat. Der einzige Grund ist, dass er auf alle Neuigkeiten – gut oder schlecht, Privates oder Berufliches betreffend – immer körperlich reagiert. Unser gesamter Freundeskreis verdreht schon nur noch die Augen. Trotzdem ist und bleibt Hans eingebildet krank und lässt sich durch nichts und niemanden davon abbringen.

Was die Herzschmerzen angeht: Die sind wieder einmal ohne jegliche körperliche Ursache aufgetaucht. Um das herauszufinden, ging Hans dieses Mal sogar so weit, dass er sich eine Sonde durch die Luftröhre bis zum Herzen hat einführen lassen, um von höchster medizinischer Stelle zu erfahren: »Mit Ihrem Herzen ist alles in Ordnung. Sie sind kerngesund!« Übrigens hat er die kleine Operation nicht so gut weggesteckt. Er war drei Tage lang außer Gefecht gesetzt!

## KURZ GEFASST: ANGST VOR KRANKHEIT UND TOD: DAS APOTHEKEN-UMSCHAU-KANINCHEN

Viele bekommen bei jedem kleinen Zipperlein Besuch vom Apotheken-Umschau-Kaninchen. Komischerweise sind es häufig diejenigen, die am meisten mit dem Leben hadern, bei denen das Apotheken-Umschau-Karnickel am längsten wohnt. Jeder zehnte Deutsche soll eine ständige Angst davor haben, krank zu sein. Ganz neu kommt nun auch der Trend zur »Lebensmittelhypochondrie« hinzu. Das zeigt: Das Apotheken-Umschau-Kaninchen ist gerade mehr denn je damit beschäftigt, uns zu eingebildeten Kranken zu machen.

---

# Was ist real an der Angst vor Krankheit und Tod?

## Wir werden alle sterben

Egal, wie sorglos wir durchs Leben gehen, wie gesund auch immer wir uns ernähren, wie viel Sport wir treiben oder wie umsichtig wir mit uns umgehen, wir werden alle sterben. Irgendwann. Vielleicht heute, vielleicht morgen, vielleicht auch erst in 100 Jahren, weil die Pharmaindustrie gerade eine neue biologisch angebaute Wunderpflanze gezüchtet hat, die den Alterungsprozess aufhalten kann. Woran auch immer wir glauben, ob wir wiedergeboren werden, im Paradies aufwachen, in der Hölle landen oder zu Staub zerfallen: Es kommt der Tag, da sind wir mausetot. Das können wir Ihnen an dieser Stelle versprechen.

## Zu viele Horrormeldungen

Ob Sie Ihre News ganz traditionell über die Tageszeitung bekommen, ob Sie lieber Radio hören oder alles, was Sie wissen müssen, im Fernsehen oder im Internet sehen, ob Sie lieber Frauenhefte oder seriöse Nachrichtenmagazine lesen: Eine Regel gilt fast ausnahmslos. Wie die lautet? No news is good news!

Die Medien sind voller schlimmer Nachrichten über Terroranschläge, Ausschreitungen, Attentate bei Großevents, scheinbar immer mehr Firmenpleiten, steigende Kriminalitätsraten und grausame Tierquälereien und es gibt gefühlt immer mehr Tote. Denken Sie mal darüber nach, wie viele Prominente allein in den letzten beiden Jahren einer schweren Krankheit wie Krebs oder einer Überdosis Drogen erlegen sind. David Bowie, Lemmy Kilmister von Motörhead, George Michael, Prince, Michael Jackson, Sam Shepard, Roger Moore … Die Liste wird immer länger. Hinzu kommen die zahlreichen Selbstmorde von Künstlern wie Linkin-Park-Sänger Chester Bennington, Soundgarden-Frontmann Chris Cornell oder Schauspielikone Robin Williams, die uns immer wieder erschüttern. Manchmal fühlt es sich so an, als ob ein Großteil der Schauspiel- und Musikelite inzwischen verstorben wäre.

Bei so vielen schlechten Neuigkeiten bleibt kein Raum für Optimismus. Wie soll das auch gehen, wenn wir unser Gehirn den ganzen Tag mit Horrormeldungen bombardieren? Wie sollen wir gute Laune versprühen, wenn wir eine schlechte Nachricht nach der anderen lesen oder sehen? Wir leiden unter Horror-Overload!!!

**Wir leiden unter Horror-Overload!**

Wir wissen nicht, wo der nächste Anschlag stattfinden wird: Mallorca, die liebste Urlaubsinsel der Deutschen, erfährt seit einiger Zeit einen wahren Touristenboom. Warum? Weil es dort einfach wunderschön ist. Aber das ist nicht alles. Viele Urlauber fühlen sich anderswo nicht mehr sicher. In der Türkei, ein Land, in dem die Deutschen sehr gerne Urlaub machten, gibt es regelmäßig Anschläge. Auch die Veränderungen, die Erdogan mit seinen Allmachtsfantasien einführt, laden nicht

166   Ängste loswerden: Der Kill-dein-Kaninchen-Teil

gerade zum Urlaub am und um den Bosporus ein. In Tunesien stürmten Attentäter ein Museum und nur einige Monate später gab es Tote an einem Hotelstrand. Auch Ägypten ist häufig in den Terror-Schlagzeilen zu finden. Kein Wunder, dass die Deutschen ihr Reiseverhalten und ihre Urlaubsziele überdenken.

**KURZ GEFASST: WAS IST REAL AN DER ANGST VOR KRANKHEIT UND TOD?**

Es kommt der Tag, da sind wir mausetot. Das können wir Ihnen an dieser Stelle versprechen.

---

# Was ist irreal an der Angst vor Krankheit und Tod?

## Eine Welle des Terrors überrollt Europa

Ja, wir fühlen es auch. Es scheint, als ob der Terror näher kommt. Dieses Bild entsteht bei vielen nach den Anschlägen in den letzten Jahren. Paris, London, Berlin, Manchester, Barcelona – da fragt man sich schon: »Welche Stadt ist als Nächstes dran?« Zudem gehen die Terroristen neue Wege. Sie missbrauchen Alltägliches – beispielsweise Lkws und Autos – dazu, um Menschen zu töten. Hinzu kommt, dass es nie so viele Möglichkeiten gab, sich über Geschehenes zu informieren, wie heute. Ganz weit vorne ist Facebook. Eine Bekannte sagte neulich: »Ich möchte Facebook schon gar nicht mehr aufmachen. Jedes Mal gibt es zahlreiche Berichte über den letzten oder bereits einen neuen Terroranschlag in Europa.«

Fakt ist jedoch, dass es seit 1970 immer weniger Tote durch Terroranschläge in Westeuropa gab. 1972 starben zum Beispiel 405 Menschen bei Attentaten in Großbritannien und Deutschland. Die IRA (Irish

Republican Army) wollte mit mehreren Bombenattentaten den Blutsonntag, bei dem britische Soldaten friedliche irische Demonstranten getötet hatten, vergelten. Und in München hat die palestinensische Terrorgruppe »Schwarzer September« elf israelische Sportler getötet und einen Polizisten. 2015 starben 175 Menschen in Westeuropa durch Terrorattacken, die meisten davon bei den Anschlägen in Paris.[42]

Es ist außerdem noch gar nicht so lange her, dass Terror in manchen Teilen von Europa zum Alltag gehörte. Die katholische IRA in Nordirland, die baskische Separatistengruppe ETA in Spanien, die linksradikale RAF in Deutschland und die kommunistischen Roten Brigaden sowie die neofaschistische Ordine Nuovo in Italien waren allesamt europäische Gruppen und töteten in den 1970er- und 1980er-Jahren oftmals Hunderte Menschen im Jahr.

Statistiken belegen, dass der weltweite Terror seit 2001 wieder sprunghaft ansteigt. Allerdings kommen wir in Europa hierbei noch recht glimpflich davon. Von 16 840 Anschlägen rund um den Globus, dem bisher höchsten Stand im Jahr 2014 – wurden nur drei in Westeuropa verübt. 2015 lag das Verhältnis bei 14 806 zu neun.[43]

Wir erwarten nicht von Ihnen, dass Sie die aktuellen Terroranschläge auf die leichte Schulter nehmen. Das tun wir auch nicht. In Panik auszubrechen und bei jedem Kirmesbesuch oder Konzertabend damit zu rechnen, dass sich jemand in die Luft jagt, mit dem Messer um sich sticht oder mit einem Auto in eine Menschenmenge rast, ist jedoch keine Lösung. Im Gegenteil!

# Im Fernsehen haben sie gesagt, dass ...

Früher dachten wir, dass die Generation der Leichtgläubigen die unserer Großeltern sei. Wir kannten von Oma und Opa noch Sätze wie: »Im Fernsehen haben sie gesagt, dass ...« Oder: »Die Bildzeitung schreibt aber, dass ...« Und spätestens wenn dann noch der »Herr Doktor« behauptet hat, »dass ...«, hatte sich jedes kritische Hinterfragen erübrigt. Dieser Doktor konnte nahezu alles behaupten, solange er das große D und das kleine r vor seinem Namen tragen durfte. Der hatte nämlich studiert und deshalb wusste er ALLES! Vertrat man eine andere Meinung und wollte sich doch lieber auch noch eine zweite oder gar dritte Einschätzung anhören, wurde man schräg von der Seite angesehen und mit einem wissenden Lächeln ignoriert. Das hat uns bereits als Kinder in den Wahnsinn getrieben. Damals waren wir überzeugt, dass es sowieso nur einen geben konnte, der recht hat. Ganz klar, das waren wir! Spätestens mit Beginn der Pubertät wussten wir alles besser. Unser riesiger Schatz an Lebenserfahrung sorgte dafür, dass wir grundsätzlich »dagegen« waren. Diese Erfahrung haben sicherlich auch viele von Ihnen gemacht. Geben Sie es ruhig zu!

> **Es kann nur einen geben, der recht hat!**

Heute sieht es ein bisschen anders aus. Wir sind in der Lage, Informationen kritisch zu hinterfragen, ohne gleich demonstrieren zu gehen. Wir können Zusammenhänge herstellen, auch wenn wir dafür aus verschiedenen Quellen schöpfen und dann auch noch selbst weiterdenken müssen. Mit dieser zunehmenden Weisheit kam aber die Informationsflut. Jetzt gibt es viele Momente, in denen wir uns verloren fühlen. Wir wissen einfach nicht mehr, was wir glauben sollen, und schon gar nicht, welche Meinung wir vertreten wollen. Frei nach dem Motto »Wer am lautesten schreit, hat recht!« wird auf Social-Media-Kanälen alles kundgetan, was schiefläuft in dieser Welt. Und wir glauben es, kommentieren wie wild und schimpfen über diejenigen, die eine andere Meinung vertreten. Aber wer hat recht? Aufs Fernsehen können wir uns nicht verlassen. Ein paar Quellen mehr sollten es schon sein, wenn wir durchblicken wollen.

7. Angst vor Krankheit und Tod: Das Apotheken-Umschau-Kaninchen

# Wir können nichts mehr essen

Verschwörungstheorien stehen zurzeit hoch im Kurs. Wir geben zu, die eine oder andere klingt wirklich glaubhaft. Auch wenn es um unser tägliches Essen geht, wird wild spekuliert. Werden wir etwa alle vergiftet? Ein Skandal jagt den nächsten. Vogelgrippe folgt auf Schweinepest und BSE, Eier werden mit Desinfektionsmitteln belastet. Alles nur, um den größtmöglichen Profit zu erzielen?! In allererster Linie geht es aber darum, den riesigen Bedarf an Lebensmitteln so kostengünstig wie möglich zu decken.

**Werden wir alle vergiftet?**

Fakt ist: Auch beim Essen verbrauchen wir deutlich mehr, als gut für uns ist. Wussten Sie, dass jeder Deutsche 82 Kilo genießbare Lebensmittel pro Jahr wegwirft?[44] Hinzu kommt, dass direkt nach der Ernte vieles, das krumm gewachsen ist oder Verfärbungen oder wetterbedingte Veränderungen aufweist, entsorgt wird.

Leider scheinen wir auch alle mit dem »Geiz-ist-geil-Gen« geboren zu sein. Wer für 2,5 Kilogramm Hähnchenschenkel im Supermarkt gerade mal 1,99 Euro ausgeben möchte, darf sich einfach nicht wundern, dass es in den Ställen nicht sauber zugeht und Krankheiten sich schnell verbreiten. Wer für einen Liter Milch deutlich weniger als einen Euro bezahlen will, dem sollte klar sein, dass auch eine Landwirtschaft wirtschaftlich sein muss und bei diesen geringen Preisen für die Produkte entweder am Tierwohl oder an der Hygiene oder an beidem gespart werden muss. Ob Mensch, Tier oder Umwelt: Es gibt unendlich viele Beispiele dafür, wer alles darunter leiden muss, dass wir nicht nachdenken und nicht zu tief in den Geldbeutel greifen wollen.

Immer wenn eine Tierschutz-, Menschenrechts- oder Umweltschutzorganisation Missstände aufdeckt, ist der Aufschrei groß. Aber am Tag danach laufen wir wie die Lemminge wieder zum Regal mit den Supersonderangeboten. Soll sich doch der Gesetzgeber Gedanken darüber machen, wie sich die Probleme lösen lassen. Schließlich haben wir die Politiker ja gewählt, damit sie handeln. Unsere Eigenverantwortung geben wir gerne an der Wahlurne ab. Dabei hat jeder Einzelne von uns auf vieles, was in der Industrie falschläuft, großen Einfluss. Unser Kaufverhalten ist ausschlaggebend dafür, was zu welchem Preis in den Läden steht. Wir müssen kein T-Shirt für 1,99 Euro kaufen, das von Menschen, die in größter Armut leben, in Asien hergestellt wurde. Es bleibt uns selbst überlassen, ob wir Avocados aus Mexiko, die bereits Tausende von Kilometern im Flugzeug hinter sich haben, kaufen. Und wir entscheiden, ob wir unbedingt jeden Tag Fleisch essen müssen. Übrigens sind wir auch selbst dafür verantwortlich, wie wir mit unserer Gesundheit umgehen. Wir können nicht der Pharmaindustrie die Schuld dafür geben, dass uns der Rücken wehtut, wenn wir nur zwischen Schreibtisch und Sofa pendeln und dann das Apotheken-Umschau-Kaninchen neben uns Platz nimmt.

## KURZ GEFASST: WAS IST IRREAL AN DER ANGST VOR KRANKHEIT UND TOD?

Wir wissen nicht, wann oder wie wir sterben. Sicher ist nur, dass wir sterben. Die Gefahr, dass es bei einem Terroranschlag oder durch verseuchte Lebensmittel passiert, ist jedoch sehr viel geringer, als uns die zahlreichen Horrormeldungen in den Medien oder den sozialen Netzwerken glauben machen wollen.

# Tod dem Apotheken-Umschau-Kaninchen

> »Wir ertrinken in Informationen, aber hungern nach Wissen.«
>
> JOHN NAISBITT (*1929), US-AMERIKANISCHER AUTOR MIT DEM THEMENSCHWERPUNKT TREND- UND ZUKUNFTSFORSCHUNG

Der amerikanische Trend- und Zukunftsforscher John Naisbitt bringt das große Problem mit der Apotheken-Umschau-Kaninchen-Familie auf den Punkt. Wir wissen auch nicht, ob er das Apotheken-Umschau-Kaninchen je kennengelernt hat. Auf unser Thema bezogen bedeutet das, dass wir mit dem vielen Wissen, mit dem wir über viel zu viele Kanäle überflutet werden, nicht mehr umgehen können. Das führt sogar so weit, dass wir oft nicht mehr zwischen Möglichkeiten und Realität unterscheiden können. Wir saugen alles auf, was das Internet hergibt, holen uns eventuell noch über Facebook den Rat unserer 1000 Freunde – und dann wissen wir nur noch, dass wir nichts mehr wissen. Wir spekulieren, werden paranoid und eingebildet krank. Gleichzeitig trauen wir keinem Arzt mehr und denken, dass uns »Kräuterhexen« und »Heiler« sowieso nur abzocken.

Kommt Ihnen das bekannt vor? Das ist wie bei der Fußball-Weltmeisterschaft, bei der 80 Millionen »Pseudo-Bundestrainer« viel mehr Ahnung haben als Jogi Löw und sein Team. Wir (eingebildeten) Kranken wissen bereits vor dem Arztbesuch mehr als die Person im weißen Kittel. Ganz klar! Und zu Hause wird das Kaninchen dann mit dem Besten vom Besten gefüttert. Das hat es sich redlich verdient. Denn auch das Apotheken-Umschau-Kaninchen ist nur so kräftig und zäh wie das Futter, das es frisst. Und es kriegt nur so viel Raum in unserem Leben, wie wir ihm zugestehen.

Also: Finger weg von 1000 Meinungen! Vergessen Sie, dass Sie alles besser wissen. Wenn Sie dann auch noch aufhören, alles stundenlang zu googeln, könnte sich Ihr Kaninchen schon auf Diät gesetzt fühlen. Dann ist es schwächer, wenn Sie es angreifen! Und das sollten Sie unbedingt tun. Warum? Weil es Ihnen besser geht, wenn Sie das Apotheken-Umschau-Kaninchen angreifen und killen.

## SO KILLEN SIE DAS APOTHEKEN-UMSCHAU-KANINCHEN

### Schritt 1: Fragen Sie: Was hab ich schon alles überstanden?

Hand aufs Herz! Wir haben schon so manche kleine und größere Katastrophe überstanden. Nicht wahr? Wie oft haben Sie schon nach einer durchzechten Nacht im Bett gelegen und gedacht: »Ich möchte einfach nur sterben!« Die letzte Grippe hat sich über Wochen hingezogen und trotzdem sind Sie heute wieder topfit. Das Magen-Darm-Virus aus dem Guatemala-Urlaub wollte sich einfach nicht verziehen, aber heute zwickt und zwackt gar nichts mehr …

Die Liste ist lang und wird noch länger. Was auch immer Sie überstanden haben, hat Sie stärker gemacht. Schreiben Sie auf, wie Sie in Zukunft mit solchen und ähnlichen Situationen umgehen werden. Fokussieren Sie sich dabei ganz besonders auf das positive Ergebnis. Notieren Sie beispielsweise, wie Sie sich fühlen werden, wenn Sie das Ganze überstanden haben. Oder halten Sie fest, wie Sie an die nächste Herausforderung herangehen werden. So gehen Sie gestärkt an die kleinen und großen Katastrophen, die das Leben für jeden von uns bereithält, heran.

### Schritt 2: Übernehmen Sie Verantwortung!

Wer dem Apotheken-Umschau-Kaninchen das Kommando überlässt, gibt seine Verantwortung für die Situation ab. Das kann kurzfristig ganz angenehm sein. Langfristig zahlt sich das aber nicht aus, weil Sie damit gleichzeitig auch die Kontrolle abgeben. Sie lassen sich steuern, anstatt selbst am Ruder zu stehen. Übernehmen Sie also die Verantwortung für Ihre Handlungen und Ihren Umgang mit herausfordernden Situationen. Damit meinen wir nicht, dass Sie nicht auch mal schlecht gelaunt im Bett liegen dürfen, wenn Sie 40 Grad Fieber haben. Geben Sie sich Zeit für die Heilung. Machen Sie es nicht schlimmer und stecken Sie nicht das ganze Büro an, nur weil Sie denken, Sie dürften nicht krank sein.

Egal, was passiert: Schieben Sie nicht immer den anderen die Schuld dafür zu. Schimpfen Sie auch nicht auf den Verkehr, wenn Sie nicht rechtzeitig losgefahren sind. Zeigen Sie nicht mit dem Finger auf die lauten Nachbarn, sondern machen Sie das Fenster zu, wenn Sie der Lärm stört. Und geben Sie keinem Kriegsflüchtling die Schuld dafür, dass Sie Ihre Arbeitsstelle verloren haben.

Reden Sie sich selbst nichts ein und lassen Sie auch nicht zu, dass Ihnen ein Kaninchen, das erstaunlicherweise lesen kann, Ihr Leben versaut. Verarbeiten Sie die »Apotheken Umschau« lieber zu kleinen Schnipseln und packen Sie diese als Strohersatz in den Kaninchenstall. So saugt die zerschnipselte »Apotheken Umschau« die ganze Bescherung auf und landet danach im Müll!

### Schritt 3: Führen Sie einen »Good News Day« ein!

Mindestens einmal pro Woche beschäftigen Sie sich 24 Stunden lang nur mit guten Nachrichten. Sie hören morgens Ihren Lieblingssong im Radio? Top! Der Tag fängt prima an. Ein Kollege möchte mit Ihnen über den Chef lästern? Da haben Sie doch eine bessere Geschichte parat: Gerade erst gestern haben Sie mit dem Boss ganz leidenschaftlich über Fußball geplaudert. Er ist richtig aufgetaut.

Und wenn Ihnen nichts Schönes widerfährt? Dann seien Sie das Positive am Tag. Kochen Sie Kaffee für die Kollegen im Büro, schenken Sie allen Menschen, denen Sie beim Spaziergang um den Block begegnen, ein freundliches Lächeln. Machen Sie Komplimente, wann immer sie passend sind, und geben Sie einem Obdachlosen genügend Geld für eine warme Mahlzeit.

Je positiver Sie durch die Welt gehen, desto mehr wird sich Ihr Fokus verschieben. Sie entdecken viel mehr Schönheit, kleine und große Wunder, und das Negative, das Sie bisher schnell in Panik versetzt hat, verblasst immer mehr.

# Ausblick: Angst vor der Zukunft?

»Es ist nicht die stärkste oder intelligenteste
Art, die überlebt. Es ist die Art, die
sich Veränderungen am besten anpasst.«
CHARLES DARWIN (1809–1882),
BRITISCHER NATURFORSCHER

Wenn man dieses Zitat liest, muss man fürchten, dass die Menschheit schon bald ausgestorben sein wird. Je mehr wir uns mit uns selbst und der Spezies Mensch beschäftigen, desto mehr entsteht der Eindruck, dass wir – oder zumindest ein sehr großer Teil von uns – nicht zur Veränderung geboren sind. Diese Schlussfolgerung ziehen wir aus dem lauten Gebrüll, das mit jedem Veränderungswunsch einhergeht – von welcher Seite aus er auch immer geäußert wird.

Die Werbung titelt: »Ich will so bleiben, wie ich bin!« In diesem Fall geht es um Diät-Produkte und wir sprechen über die Figur von Frauen. Wir haben dieses Beispiel gewählt, weil gerade hier deutlich wird, wie unsinnig dieser Wunsch ist. Eine Frau mit 40 wird immer eine andere Figur haben als eine Frau mit 20 oder 30. Das hängt noch nicht einmal automatisch mit ihrem Essverhalten zusammen, sondern mit der Beschaffenheit des Körpers. JEDER Körper verändert sich, jeden Tag. Übrigens nicht nur der weibliche, sondern auch der männliche.

Nun haben wir ja bereits festgestellt, dass wir selten gute Nachrichten in den Medien finden. Wenn man Nachrichtensendungen anschaut, könnte man manchmal meinen, der Untergang der Welt stünde unmittelbar bevor. Auch viele Umwelt- und Tierschutzorganisationen arbeiten mit furchteinflößenden Bildern, um Menschen überhaupt erst zum Hinsehen zu bewegen. Anscheinend sind wir erst dann bereit, etwas zu verändern, wenn wir Angst haben oder geschockt sind. Viel schöner wäre es doch, wenn wir gewillt wären, Gandhis Worten zu folgen:

>*Wir müssen der Wandel sein, den wir in der Welt zu sehen wünschen.*«

Wenn wir im Kleinen, in unserem eigenen Leben dafür sorgen, dass die Angst so wenig Platz wie möglich einnimmt und Entscheidungen und Handlungen nicht von ihr gesteuert werden, schaffen wir die Basis für ein gesundes Miteinander ohne Panik-Kaninchen.

# Wie sieht die Angst in der Zukunft aus?

## Interview mit dem Zukunftsforscher
## Sven Gábor Jánszky

Angst verändert sich. Jeden Tag. Manche Ängste verfliegen einfach, weil wir Vorurteile abgebaut haben, Probleme nicht mehr relevant sind oder sich herausfordernde Situationen aufgelöst haben. Manche Ängste kommen hinzu. So geht es jedem Einzelnen von uns. Die Thematik lässt sich aber auch auf die gesamte Gesellschaft ausgerichtet betrachten. Wie sehen Ängste in der Zukunft aus, wie verändern sie sich? Und: Wie reagieren wir darauf? Diese Fragen und einige mehr haben wir jemandem gestellt, der sich damit auskennt und uns freundlicherweise aufklärt.

Sven Gábor Jánszky[45] ist Chairman des größten deutschen Zukunftsinstituts »2b AHEAD ThinkTank«. Jánszky coacht Topmanager und Unternehmen in Prozessen des Trend- und Innovationsmanagements, leitet Geschäftsmodellentwicklungen in Inkubatoren und ist gefragter Keynote Speaker auf Strategietagungen in Deutschland und Europa.

*Herr Jánszky, Sie sprechen in Ihren Vorträgen und Strategieberatungen davon, dass jede Strategie, die wir uns zurechtlegen, schon in naher Zukunft falsch sein wird. Warum sollen wir dann überhaupt noch planen?*

SGJ: Weil es für viele Menschen wichtig ist, auf ein positives Zukunftsbild zuzugehen. Gleichzeitig kann man so ein Zukunftsbild mit anderen Menschen teilen. Wenn es zum Beispiel um ein Unternehmen geht, dann bekommt man, wenn man das vernünftig angeht, nicht nur sich selbst, sondern auch andere Menschen hinter dieses Zukunftsbild. Es ist schon wichtig, ein positives Bild von der Zukunft zu haben, um darauf zugehen zu können. Allerdings ist es wichtig, zu wissen, dass dieses Zukunftsbild, das Sie sich machen, falsch ist. Es ist wichtig, um in die richtige Richtung zu laufen, es wird aber nie genau so erreicht werden, wie Sie sich das gerade vornehmen. Alleine aus diesem Grund besteht eine vernünftige Strategie nicht nur aus einem Zukunftsbild und einem Weg dahin, sondern auch daraus, dieses Bild immer wieder zu überprüfen und anzupassen.

*Menschen haben generell gerne Angst vor Veränderung. Unser Leben verändert sich aber in zahlreichen Bereichen rasant. Wie können wir da noch mithalten, damit unsere Zukunft nicht nur von Ängsten bestimmt ist?*

SGJ: Was Sie in Ihrer Frage beschreiben, trifft auf eine Vielzahl von Menschen zu, aber nicht auf alle. Ich möchte das jedoch gerne differenzierter betrachten. Dafür nehme ich gerne die »Sensation-Seeking-Theorie« zur Hilfe. Die kommt aus der Psychologie und sagt, dass etwa 15 Prozent der Menschen in ihrem idealen Erregungszustand sind. Übersetzt heißt das, sie sind mit sich im Reinen und glücklich, wenn sie immer etwas unsicher sind, sich also immer etwas Neues auftut, etwas Unvorhersehbares passiert. Auf der anderen Seite stehen natürlich 85 Prozent, die dann mit sich im Reinen sind, wenn alles stabil bleibt und sich keine Veränderungen ergeben. Diese beiden Gruppen gilt es immer wieder auseinanderzuhalten. Die erste Gruppe hat Angst davor, dass sich nichts verändert; die zweite Gruppe hat Angst davor, dass sich etwas verändert. Und wie immer im Leben ist nicht alles schwarz und weiß, sondern dazwischen befinden sich noch eine Menge Grauschattierungen. Man muss also sehr genau hinschauen, wen man vor sich hat.

Ängste werden gering gehalten, wenn Veränderungen nicht überraschend kommen und man darauf vorbereitet ist. Der erfahrenste Zukunftsforscher in Deutschland, in diesem Fall bei VW, hat schon vor Jahren auf einem Zukunftskongress gesagt, dass seine Hauptaufgabe darin liegt, seinen Ingenieuren beizubringen, dass es nicht EINE Zukunft, sondern dass es viele mögliche Zukünfte gibt. Sobald er das Bewusstsein dafür geschaffen hat, ist ein großer Teil seiner Arbeit bereits getan, weil sie verstanden haben, dass es Veränderungen gibt und dass man es in der Hand hat, Veränderungen mitzugestalten. Wenn wir über

Angst sprechen, ist das der entscheidende Teil. Menschen haben bei Veränderungen Angst davor, ihre Definitionsmacht zu verlieren. Das heißt, dass sie befürchten, Dinge tun zu müssen, die sie nicht können oder die andere ihnen gesagt haben. Das lässt sich aber in den Griff bekommen, indem man Menschen frühzeitig erkennen lässt, in welche Richtung es geht und welche Wahlmöglichkeiten sie innerhalb der Veränderung haben.

*Wir müssen noch auf das Tempo zu sprechen kommen, in dem Veränderungen stattfinden. Sind wir Menschen für diese rasante Geschwindigkeit des Wandels gemacht? Und warum macht uns dieses Tempo Angst?*

SGJ: Es ist richtig, dass das Tempo steigt und dass es höher ist als wahrscheinlich jemals in der Evolution. Auf der anderen Seite ist die Menschheit Weltmeister im Sich-Anpassen, also im Anpassen an sich verändernde Umgebungen. Die Prognose, dass das Tempo zu hoch sei oder der Mensch nicht mitkomme, ist nicht neu. Bei der Einführung der Eisenbahn zum Beispiel fürchtete man, dass das menschliche Gehirn die Geschwindigkeit nicht aushalten könne. Bei der Einführung des Fernsehens hieß es, die Kultur ginge kaputt. Ich habe neulich sogar gelesen, dass man bei der Einführung des Buchdrucks schon dachte, dass die Geschwindigkeit für den Menschen zu hoch sei. Das ist aber nicht belegt. Ich bin mir also relativ sicher, dass wir in 20 Jahren auf die heutige Zeit zurückschauen und sagen: »Die Geschwindigkeit damals war ja noch ganz gemütlich. Heute ist die Geschwindigkeit viel höher, wir haben uns daran gewöhnt und das gilt inzwischen als normal.«

*Wie flexibel im Kopf müssen wir in der Zukunft sein, um nicht von unseren Ängsten überwältigt zu werden? Vielen Veränderungen, denen wir zum Beispiel durch die Medien ausgesetzt sind, stehen wir ja eher mit Argwohn gegenüber.*

SGJ: Ich weiß nicht, ob es realistisch wäre, zu glauben, dass die Masse der Menschen Veränderungen gut findet. Dann würde das die Art, wie wir zusammenleben und unsere Gesellschaft tickt, enorm stören. Wahrscheinlich müssten wir eine völlig andere Gesellschaftsordnung aufbauen. Wir leben in einer Welt, in der wir die Art unseres Zusammenlebens darauf aufgebaut haben, dass die Masse der Menschen Kontinuität und das Stabile mag. Deshalb gibt es Gesetze, im Beruf Festanstellungen, im Privaten unser Familienmodell. Dadurch, dass es nur eine Minderheit gibt, die Veränderungen vorantreibt, ist dieses Gesellschaftssystem so erfolgreich und so stabil. Die Minderheit zwingt irgendwann die Mehrheit dazu, ein bisschen etwas an Veränderungen mitzumachen, aber eben auch nicht alles. Die Mehrheit, die Stabilität sucht, sorgt dafür, dass nach einer Phase von Veränderungen wieder eine Phase von Stabilität eintritt. Ich empfinde das – gesellschaftlich betrachtet – als eine gute Balance. Natürlich lebt sie davon, dass es auch einmal Spannungen gibt zwischen Veränderern und Stabilisatoren. Das finde ich gut. Ich möchte also nicht dazu anregen, dass wir alle veränderungsbereit oder -afin sein müssen. Was wir aber in Zeiten von Veränderungen nicht dürfen, ist den Kopf in den Sand stecken und uns abhängen lassen. Das ist das Wesentliche. Irgendwann müssen wir die Veränderungen mitmachen.

Als Zukunftsforscher bin ich natürlich Berufsoptimist. Aber ich sehe kein einziges Signal dafür, dass das negative Auswirkungen haben sollte, wenn Menschen zu Veränderungen gezwungen werden. Das ist der Lauf der Dinge.

*Verändert sich das, wovor wir Angst haben? Und wenn ja, wovor werden wir in zehn oder zwanzig Jahren Angst haben?*
SGJ: Ja, auf jeden Fall! Wir bekommen zum Beispiel eine ganz neue Angst. Nämlich die Angst, nicht mehr der Intelligenteste zu sein. Ich meine nicht im Vergleich zu anderen Menschen. Die Menschheit ist nicht mehr so intelligent, wie es die Maschine sein wird. Künstliche Intelligenz bei den Maschinen führt ungefähr 2050 dazu, dass Geräte wie Computer oder unsere Handys uns eine bessere Antwort auf jede Frage geben werden als ein anderer Mensch. Ich spreche von der Angst, die Macht zu verlieren, die Deutungshoheit über die Welt, weil intelligente Geräte einfach schlauer sein können. Diese Angst wird nicht über Nacht entstehen. Man sieht schon heute, dass ein Mensch nicht mehr gegen einen Computer im Schach gewinnen kann. Auch in der Beantwortung von Fragen des Allgemeinwissens ist der Computer besser als jeder Mensch. Das Nächste wird sein, dass ein Mensch nicht mehr so gut Auto fährt wie ein Computer. Wir werden also ein selbstfahrendes

Auto haben. Die Maschine wird weniger oder gar keine Unfälle bauen. Dadurch wird die menschliche Selbstdefinition, also das, worin ich der Beste bin, nach und nach beschnitten, weil Maschinen uns immer mehr davon wegnehmen. Wir werden uns fragen: »Was bin ich dann eigentlich noch, wenn die Maschine das alles besser kann als ich?«

Gleichzeitig wird eine Grundangst der Deutschen wegfallen – die Angst vor der Arbeitslosigkeit. Diese prägt bisher die längste Zeit unseres Lebens, weil wir so sozialisiert sind. Wir und die Generation davor sind in einer Welt aufgewachsen, in der Massenarbeitslosigkeit herrschte. Unsere Generation ist mit der Vorstellung groß geworden, den Job zu verlieren sei das größte Unglück, das einem widerfahren kann. Dann muss man zum Arbeitsamt – und von da an wird alles schlimm. Genau diese Angst wird – beginnend 2020 und dann über die kommenden 20 Jahre – verschwinden. Das geht natürlich nicht von heute auf morgen. Aber sie wird immer weniger werden. Der Grund ist ganz banal: In Deutschland wird es ab 2020 mehr Jobs als arbeitsfähige Menschen geben. Das geschieht, weil die Babyboomer-Generation ab 2020 in Rente geht. Die geburtenstarken Jahrgänge verlassen den Arbeitsmarkt, und die geburtenschwachen Jahrgänge kommen neu in den Arbeitsmarkt. Das ist reine Mathematik. Wir Zukunftsforscher rechnen mit drei bis vier Millionen unbesetzten Stellen. Das hat zur Folge, dass jeder, der halbwegs gut ausgebildet ist, alle zwei Wochen einen Anruf von einem Headhunter bekommt, der sagt: »Ich habe einen Job für dich, in dem du unter anderem zehn Prozent mehr verdienst.« Je stärker diese Situation in unsere Lebenswirklichkeit kommt, desto mehr verlieren wir als Konsequenz die Angst vor dem Verlust des Arbeitsplatzes, weil klar ist: Wenn ich heute meinen Job verliere, habe ich morgen zehn neue Angebote. Wenn ich mich unter diesen Angeboten dann für das falsche entscheide, ist das auch nicht schlimm, dann kündige ich halt wieder und bekomme weitere zehn Angebote.

*Wenn die Angst vor Arbeitslosigkeit aus demografischen Gründen zurückgeht, heißt das, dass zeitgleich die Angst vor der Altersarmut immer größer wird?*
SGJ: Wenn der demografische Trend, von dem ich gesprochen habe, der einzige Trend wäre und alles andere gleich bliebe, dann wäre das realis-

tisch. Allerdings verändern sich ja die anderen Bereiche der Gesellschaft mit. Wir Zukunftsforscher gehen zum Beispiel davon aus, dass das, was heute unter dem Stichwort »bedingungsloses Grundeinkommen« diskutiert wird, über die nächsten 10 bis 15 Jahre auf jeden Fall eingeführt wird, um soziale Härten zu verhindern und die Gesellschaft auf eine Welt vorzubereiten, in der menschliche Erwerbsarbeit nicht mehr das Nonplusultra ist, weil eventuell Maschinen diese Arbeit besser ausüben können. Auch darauf muss man sich vorbereiten. Ich glaube, dass die Angst vor Altersarmut, über die man ja heute in den Medien immer wieder liest, den Denkweisen der Vergangenheit entstammt. Heute ist sie da, aber ich bin mir relativ sicher, dass es nicht zu einer signifikanten Altersarmut kommen wird. Die Menschen werden verstehen, dass sie davor keine Angst mehr haben müssen.

*Wirklich spannend ist, dass unsere Ängste tatsächlich alle irgendwie zusammenhängen. Wenn Sie von einem Überangebot an Jobs sprechen, bedeutet das, dass wir eine Einwanderungswelle benötigen? Auch davor haben wir in Europa ja im Moment eine Heidenangst.*
SGJ: Das stimmt. Für einen Menschen, der diese Trends kennt und eins plus eins zusammenzählt, ist es rational sonnenklar, dass wir eine Zuwanderungswelle brauchen. Die Alternative wäre, dass Jobs unbesetzt blieben, dass die Produktivität sänke, dass die Konjunktur zurückginge, dass die Menschen eine höhere Steuerbelastung hätten, weil es weniger Steuereinnahmen durch Unternehmen gäbe, und dass wir mehr Sozialabgaben bezahlen und wahrscheinlich länger arbeiten müssten. Das Phänomen ist, dass Menschen ihre Vorurteile und Gefühle nicht auf Basis von rationalen Zukunftsprognosen bilden, sondern auf der Basis ihrer Erfahrungen. Sie vergleichen zum Beispiel:

Wir kommen aus 20 Jahren Massenarbeitslosigkeit. Wenn mein Job weg ist, dann rutsche ich nach einem Jahr in Hartz IV und verliere meinen Status und meinen Wohlstand. Davor muss ich mich schützen. Wenn auch noch die Zuwanderung einsetzt, dann bekomme ich noch mehr Konkurrenz – und das ist schlimm. Deshalb bin ich dagegen.

Nüchtern betrachtet ist das schlicht falsch, aber auch menschlich. In den Medien und in der Politik wird zudem nur ganz selten darüber gesprochen, wie die Folgen der Verrentung der Babyboomer-Generation und der Vollbeschäftigung aussehen. Die Menschen können das also noch nicht wissen.

*Es profitieren ja unheimlich viele Branchen davon, dass wir Angst haben. Versicherungen, Medien, Sicherheitsunternehmen und viele mehr. Wird sich das in der Zukunft auch verändern?*
SGJ: Ich glaube, fast jede Branche wird davon profitieren. Mir fällt keine ein, die ich da ausgrenzen möchte. Gehen wir ein Stück zurück: Angst ist zunächst ja etwas ganz Positives. Angst ist großartig, weil sie den Menschen ein Signal gibt: Achtung! Da ist etwas um dich herum, auf das du nicht vorbereitet bist und das gefährlich sein könnte! Reagiere! Das Reagieren ist dann Veränderung. Insofern ist Angst für die Masse der Menschen der Antriebsmotor für Veränderungen. Jede Branche, die Veränderungen verkauft, kann davon profitieren. In jeder Branche gibt es im Gegensatz dazu auch Anbieter, die den angeblichen Schutz vor Veränderungen verkaufen, wie zum Beispiel Versicherer. Auch die profitieren davon. Durch die steigende Geschwindigkeit ist da heute wahrscheinlich mehr Dynamik drin. Aber neu ist das nicht. Durch die Geschwindigkeiten sind Kompetenzen, die ein Mensch hat, schneller überholt. Das heißt: Es muss häufiger mal weitergebildet oder neu geschult werden. Davon profitiert dann die Weiterbildungsbranche und die Coachingbranche.

Interview mit dem Zukunftsforscher Sven Gábor Jánszky

# Der Absch(l)uss: Das Ende unseres Kaninchenstalls

Wenn wir all unsere geschriebenen Seiten nun noch mal Revue passieren lassen, stellen wir fest: Es ist ganz schön voll geworden im Panik-Kaninchenstall. Das ist wirklich erschreckend. Wenn wir die ganzen Fellknäuel mit den langen Löffeln da so dicht gedrängt sitzen sehen, kann diese Art der Haltung eigentlich nicht mehr dem Tierschutzgesetz entsprechen.

Zugegeben, manchmal trollt sich eins der Karnickel davon, weil wir uns nicht gut genug darum gekümmert haben. Dann herrscht kurzfristig ein bisschen Platz im Stall. Meist sitzt aber schon bald wieder ein neuer Artgenosse drin, von dem wir gar nicht wissen, wo der nun plötzlich hergekommen ist. So kann das nicht weitergehen!

Wir haben also beschlossen, dass wir den Stall auflösen und Kaninchen für Kaninchen killen werden. Wie lange es dauert, bis der Stall ganz leer ist? Das wissen wir nicht genau. Wir arbeiten aber dran. Es steht jetzt immer öfter Hasenbraten auf unserem Speiseplan. Und der ist auf jeden Fall auch für Kein-Fleisch-Esser genießbar.

**Jetzt gibt's Hasenbraten!**

Wenn Sie es nicht übers Herz bringen, ihre vielen Panik-Kaninchen einfach zu killen – Sie sind schließlich Vegetarier, tierlieb und nicht gewalttätig –, dann lassen Sie doch nach der nächsten Fütterung das Türchen zum Kaninchenstall weit offen. Sie werden sehen, die kleinen »Plagen«, die Ihr Leben oftmals so schwer machen, hoppeln – eins nach dem anderen – davon. Sie müssen ihnen nur die Gelegenheit dazu geben.

Manchmal schaut eines der Panik-Kaninchen wieder mal vorbei, weil es so schön warm war im Stall und weil Sie es bisher regelmäßig mit Nahrung versorgt haben. Da kann man sich schon dran gewöhnen, wenn man so ein Panik-Kaninchen ist. Die Karnickel merken aber schnell, dass es vorbei ist mit dem wohligen Heim, wenn Sie sie einfach nicht beachten. Die Futtervorräte sind längst aufgebraucht und Sie streicheln die Tiere auch nicht mehr so oft.

Also, keine Panik, wenn plötzlich wieder einmal einer ihrer alten Bekannten vorbeischaut oder einer, der noch gar nicht da war, aber davon gehört hat, wie schön es ihn Ihrem Stall ist. Geben Sie ihm eins hinter die Löffel und winken Sie dem Karnickel beim Weglaufen freudig hinterher!

**Schluss mit der Panik!**

Der Absch(l)uss: Das Ende unseres Kaninchenstalls 185

# Quellen und Literatur

1 Dr. Andrea F. Polard: Interview mit Naomi Becker: Wie Glück und Bewusstsein zusammenhängen, in: Yoga Aktuell 91, 2/2015

2 Lutz Meier: Jetzt halt mal die Presse, in: fluter Nr. 53 (Winter 2014–2015), S. 14–16

3 Gert Scobel: Gedanken zur Sendung »Die hysterische Gesellschaft«, Wissensmagazin am Donnerstag vom 06.04.2017 um 21.00 Uhr (http://www.3sat.de/page/?source=/scobel/192117/index.html)

4 Martin Lutz: Zahl der Wohnungseinbrüche steigt um zehn Prozent, in: Welt Online (https://www.welt.de/politik/deutschland/article153790063/Zahl-der-Wohnungseinbrueche-steigt-um-zehn-Prozent.html) und Bundeskriminalamt: Polizeiliche Kriminalstatistik, Jahrbuch 2015, S. 4 und Bundeskriminalamt: Polizeiliche Kriminalstatistik, Jahrbuch 2005, S. 170

5 Aus dem Song »Lasse Redn« von den Ärzten

6 Z.B.: Institut für Arbeitsmarkt- und Berufsforschung: IAB Kurzbericht 06/2017, S. 5 und Statistisches Bundesamt: Statistisches Jahrbuch 2017, Wirtschaftsdienst – Zeitschrift für Wirtschaftspolitik, 94. Jahrgang, 2014, Heft 3, S. 159–179

7 Eurostat: newsrelease euroindicators 182/2017 vom 31.11.2017

8 Ebenda

9 Statistisches Bundesamt: Pressemitteilung Nr. 010 vom 12.01.2017 (https://www.destatis.de/DE/PresseService/Presse/Pressemitteilungen/2017/01/PD17_010_811.html)

10 Ruth Berschens: German Angst meets British Unease, in: Handelsblatt global (https://global.handelsblatt.com/politics/german-angst-meets-british-unease-738573)

11 Bernd Ulrich: American Angst, in: Die Zeit 46/2016 (http://www.zeit.de/2016/46/us-wahl-hillary-clinton-donald-trump/seite-2)

12 Die spinnen, die Briten!, in: Orange by Handelsblatt (https://orange.handelsblatt.com/artikel/9886)

13 SINUS Markt- und Sozialforschung GmbH: Präsentation Studie Ruhestand 2040, S. 5

14 Ipsos NAWI-D: Ungebrochener Wohlstand – Nationaler Wohlstandsindex schließt das Jahr auf hohem Niveau (https://www.ipsos.com/de-de/
ungebrochener-wohlstand-nationaler-wohlstandsindex-schliesst-das-jahr-
auf-hohem-niveau)

15 Deloitte: Pressemitteilung vom 09.06.2017: Mehrheit der Deutschen
befürchtet Altersarmut (https://www2.deloitte.com/de/de/pages/presse/
contents/Studie-2017-Betriebliche-Altersvorsorge.html)

16 Wolfgang Schäuble: Interview mit der Stuttgarter Zeitung, Ausgabe Landkreis
Ludwigsburg Nr. 40/2009 vom 18.02.2009, S. 5

17 Belastungsgrenze der Erde erreicht: Ressourcen für 2016 sind aufgebraucht,
in: n-tv Online (http://www.n-tv.de/wissen/Ressourcen-fuer-2016-sind-
aufgebraucht-article18349891.html)

18 Giuseppe Rondinella: Über 3000 deutsche Start-ups überleben nicht die
ersten drei Jahre, in: Horizont.net (http://www.horizont.net/tech/nachrichten/
Datenanalyse-ueber-3000-deutsche-Start-ups-ueberleben-nicht-die-ersten-
drei-Jahre-156412)

19 Reiner Klingholz: Deutschlands demografische Herausforderungen, Berlin
Institut, Berlin 2016 (http://www.berlin-institut.org/publikationen/discussion-
papers/deutschlands-demografische-herausforderungen.html)

20 Nadine Oberhuber: Arme Millionäre, in: Die Zeit 50/2012 (http://www.zeit.
de/2012/50/Reichtum-Vermoegen-Millionaere)

21 Petra Sorge: Interview mit Gertrud Höhler: Arme sind häufig glücklicher als
gierige Reiche, in: Cicero Magazin für politische Kultur (https://www.cicero.
de/innenpolitik/arme-sind-haeufig-gluecklicher-als-gierige-reiche/52339)

22 Paul K. Piff, Daniel M. Stancato, Stéphane Côté, Rodolfo Mendoza-Denton,
Dacher Keltner: Higher social class predicts increased unethical behavior,
Proceedings of the National Academy of Sciences Feb 2012, S. 2

23 Fuß gebrochen! Irres Guns N' Roses-Comeback – Axl Rose performt im
Sitzen, in: Express Online (https://www.express.de/news/promi-und-show/
fuss-gebrochen--irres-guns-n--roses-comeback---axl-rose-performt-im-
sitzen-23858412)

24 Dave Grohl ist nicht zu stoppen, in: Süddeutsche Online (http://www.
sueddeutsche.de/panorama/beinbruch-waehrend-konzerts-dave-grohl-ist-
nicht-zu-stoppen-1.2519696)

25 António Damásio (https://de.wikipedia.org/wiki/António_Damásio)

26 René Descartes (https://de.wikipedia.org/wiki/René_Descartes)

27 António Damásio (https://de.wikipedia.org/wiki/António_Damásio)

28 Julia Neumeister (www.julianeumeister.com)

29 Altona: Kein Radweg am Hamburger Elbstrand, in: ntv Online
(http://www.ndr.de/nachrichten/hamburg/Altona-Kein-Radweg-am-
Hamburger-Elbstrand,elberadweg182.html)

Quellen und Literatur **187**

30 Florian Gathmann: Deutschland, Angstland, in: Spiegel Online (http://www.spiegel.de/politik/deutschland/allensbach-studie-deutschland-hat-angst-a-1111132.html)

31 Top Secret? Der BND lädt zum Wiesn-Treff der Spione, in: Focus Online (https://www.focus.de/regional/muenchen/oktoberfest/oktoberfest-muenchen-top-secret-der-bnd-laedt-zum-wiesn-treff-der-spione_id_7658741. html=)

32 Sprüche, Freunde und Feinde im Leben von Marcel Reich-Ranicki, in: Focus Online (https://www.focus.de/kultur/vermischtes/marcel-reich-ranicki-sprueche-freunde-und-feinde-im-leben-von-marcel-reich-ranicki_aid_1105104.html)

33 Warum Schenken glücklich macht, in: Spiegel Online: (http://www.spiegel.de/gesundheit/psychologie/psychologie-warum-schenken-gluecklich-macht-a-1157151.html)

34 Lars Gartenschläger:»Glauben Sie, hier ist eine Karnevalstruppe?«, in: Welt Online (https://www.welt.de/sport/fussball/wm-2014/article129638285/Glauben-Sie-hier-ist-eine-Karnevalstruppe.html)

35 Tim Roth (https://de.wikipedia.org/wiki/Tim_Roth)

36 Jana Hauschild: Ein Loblied auf die Lüge, in: Spiegel Online (http://www.spiegel.de/wissenschaft/mensch/psychologie-warum-menschen-luegen-a-1059853.html)

37 Richard Branson (https://www.virgin.com/richard-branson/student-magazine)

38 Angelehnt an Stephen Guise: Viel besser als gute Vorsätze: Wie Sie mit Mini-Gewohnheiten Maxi-Erfolge erleben, VAK, 2015

39 FuckUp Nights (https://fuckupnights.com/)

40 Dale Carnegie (https://de.wikipedia.org/wiki/Dale_Carnegie)

41 Wenn die Angst vor der Krankheit krank macht, in: Welt Online (https://www.welt.de/gesundheit/psychologie/article138974305/Wenn-die-Angst-vor-der-Krankheit-krank-macht.html)

42 Global Terrorism Database (https://www.start.umd.edu/gtd/)

43 Ebenda

44 Bundesministerium für Ernährung und Landwirtschaft: Ermittlung der weggeworfenen Lebensmittelmengen und Vorschläge zur Verminderung der Wegwerfrate bei Lebensmitteln in Deutschland, Stuttgart 2012 (https://www.zugutfuerdietonne.de)

45 Sven Gábor Jánszky (http://www.2bahead.com/)

# Register

Altersarmut 89, 181f.
Angstreaktion 16
Apotheken Umschau 159ff., 165, 171ff.
Arbeitslosigkeit 43, 181f.
Armut 46, 64, 86, 93f., 96, 100, 171,
Ausredenerfinder 21

Besitz 43, 88f., 93, 135f., 139, 143
Beziehung 9, 30f., 56, 67, 73, 134, 138f.,
141, 143, 150, 154f.

Dating-Industrie 30f.

Einsamkeit 31, 64, 69, 74ff., 79, 82ff.
Erfahrung 10, 34f., 38, 44, 57, 59, 77,
99, 104, 120, 129, 132, 154, 169, 182
Erwartung 43, 83, 141

Fehler 19, 39, 55, 58f., 111, 150, 154,
157f.
Freiheit 23, 49, 74, 119, 136

Geld 10, 15, 29, 34, 55, 64, 87, 89, 91,
93ff., 111f., 129, 136ff., 142ff., 174
Generation Angst 51, 55
German Angst 43, 46,
Gesellschaft 24, 29, 31, 45, 48, 51, 54ff.,
66f., 69, 77ff., 99, 108, 112, 121,
148ff., 177, 179, 182
Gesellschaftssystem 180
Gewohnheitsdieb 19
Gleichgesinntenblasenerhalter 20

Humor 24, 63

Improvisationstheater 70
Instinkt 16, 26ff.

Kaninchen-Feeling 17, 92, 96
Kinder 10, 32ff., 55, 57, 59, 68, 76, 78,
101, 108f., 112ff., 119, 136, 154, 169
Klischeebediener 19
Komfortzone 19f., 129
Komfortzonenstörer 19
Konflikt 53, 107
Kopfkino 17f.
Krankheit 15, 64, 68, 159, 162, 165ff.,
170f.

Lachen 152
Lebenserwartung 51
Lebensplan 65, 74, 94
Lernen 58ff., 83, 85, 95, 117, 132, 135,
141f., 150, 155, 157

Nachteile von Angst 27f.
Neu-Phobie-Kaninchen 104, 109ff.,
115ff.

Partnerschaft 37, 74
Pleite 37, 94ff., 137, 150, 155, 166
Privatleben 9, 37, 49, 56, 73

Regeln 19, 100, 121, 123f.

Scheitern 15, 55, 67, 146, 148, 150ff.
Status 56, 66f., 135f., 139f., 142f., 182
Statussymbol 60, 64
Statusverlust 135

Theorieentwickler 18
Tod 15, 17, 64, 68, 83, 101, 115, 131,
    141, 143, 156, 159, 165, 167, 171f.
Tradition 53f., 118, 120ff., 130ff., 157

Unbekanntes 106f., 109, 111, 114, 116
Unwissenheitsvertuscher 21
Urinstinkt 16, 25, 27ff., 34

Veränderung 21, 39, 44, 46, 50f., 54f.,
    65, 92, 111, 118, 120, 124, 126ff.,
    166, 170, 175, 178ff., 183

Verantwortung 19, 55, 58, 80, 108, 134,
    148f., 155, 173
Verlust 15, 23, 36f., 40, 43, 60, 66f., 99,
    134, 139ff., 181
Vorteile von Angst 27

Wandel 49ff., 67, 95, 118, 128, 176,
    179
Wohlstandsgesellschaft 139

Zukunftsforscher 64, 172, 177f.,
    180ff.

# Die Autoren

**Ralf Schmitt** arbeitet seit mehr als 15 Jahren erfolgreich als Speaker, Trainer, Impro-Comedian und Moderator. Er gilt als Experte für Spontaneität und Interaktivität, hat zusammen mit Torsten Voller die Methode der Navituition® entwickelt und ist Vorstandsmitglied der German Speakers Association sowie Geschäftsführer der Impulspiloten GmbH. Darüber hinaus ist er Autor der Bücher *Ich bin total spontan, wenn man mir rechtzeitig Bescheid gibt* und *Ich bin total beliebt, es weiß nur keiner*.
www.schmittralf.de

**Mona Schnell** studierte in Hamburg Mode, Journalismus und Medienkommunikation. Nach ihrem Abschluss führte sie eine Kneipe in Winterhude. Inzwischen arbeitet sie als freie Journalistin und Autorin und leitet seit neun Jahren eine Agentur für PR, Management und Booking mit dem Fokus darauf, Musiker, Comedians und Experten stimmig in den Medien zu platzieren. Sie liebt Abenteuer, Veränderungen und neue Umgebungen und neigt dazu, ihren Schreibtisch öfter für Wochen oder auch Monate ins Ausland zu verlegen, um neue Eindrücke und Impulse zu sammeln.
www.monaschnell.de
www.moca2gether.com

# Dein Leben

Inspirierende Impulse und praktische Tipps, die Ihr Leben leichter, besser und schöner machen.

Marco von Münchhausen
**Konzentration**
ISBN 978-3-86936-719-4
€ 19,90 (D)
€ 20,50 (A)

Steffen Ritter
**Selbstbewusstsein**
ISBN 978-3-86936-724-8
€ 19,90 (D)
€ 20,50 (A)

Katharina Maehrlein
**Achtsamkeit ganz praktisch**
ISBN 978-3-86936-759-0
€ 15,00 (D) / € 15,40 (A)

Thomas Tuma
**Der moderne Mann**
ISBN 978-3-86936-728-6
€ 15,00 (D) / € 15,40 (A)

Christo Foerster
**Dein bestes Ich**
ISBN 978-3-86936-723-1
€ 29,90 (D) / € 30,80 (A)
Nicht als E-Book erhältlich

Cordula Nussbaum
**Geht ja doch!**
ISBN 978-3-86936-626-5
€ 24,90 (D) / € 25,60 (A)

Kathrin Sohst
**Zart im Nehmen**
ISBN 978-3-86936-688-3
€ 24,90 (D) / € 25,60 (A)

Stephen R. Covey
**Die 7 Wege zur Effektivität für Familien**
ISBN 978-3-89749-728-3
€ 29,90 (D) / € 30,80 (A)

 Alle Titel auch als E-Book erhältlich

gabal-verlag.de